中國
吉祥民俗文化

上冊

目　錄

叁 節目民俗與吉祥文化

吉祥，人們共同的美好祈願

吉祥民俗文化是中華民族的母體文化、傳統文化、草根文化、元典文化，是先輩們留給我們的珍貴文化遺產。

吉祥民俗文化是中華民族一個古老而又悠久的生命主題，它從圖騰崇拜、自然崇拜，神靈信仰、宗教信仰走來，是人類為生存繁衍共同存在的心理情感和精神追求，是人類心靈的鏡子，是民族的血脈和源泉，積澱著中華民族多層次、多元素、多內涵的共同理想，是民族大團結的精神紐帶，是生生不息、團結奮進的不竭動力。

吉祥民俗文化是對人類生命的終極關懷。千百年來，它為人類免災袪禍，納瑞祈祥，避厄求吉，給人們帶來平安如意、和諧幸福。

吉祥，是人們共同的心願和祈望，追求和向往。

《說文解字》對「吉」和「祥」解釋得很清楚：「吉，善也，從士口。」「祥，福也，從示，羊聲，雲善。」該書又進一步解釋曰：「天垂象見吉凶，所以示人也。」意為天象預示著人的吉凶禍福。

「吉」、「祥」與福、善、順、安、利等義相通。正如《莊子‧人間世》所云：「虛室生白，吉祥止止。」唐成玄英疏云：「吉者，福善之事；祥者，

嘉慶之征。」徵，為徵兆，意為多做善事，就會預兆有嘉慶的好事不斷。

更有意思的是，大凡「吉祥」與別的字、片語合搭配，就又會賦有更美好的意義，如吉兆、吉利、吉言、吉人、吉事、吉年、吉月、吉日、吉星、吉雨、吉祥納福、吉祥安康、吉祥如意、吉人天相，等等。

總之，吉祥是善，吉祥是福，吉祥是好兆頭，吉祥會好運連連！

文化是有生命的。吉祥民俗文化正是中華民族的生命智慧，是中華民族精神的體現，是中華心、民族魂的表徵。它是由無數先輩歷經千年精心巧構的輝煌文化殿堂，其中蘊藏著無數奇珍異寶，凝聚著豐厚淵深的文化底蘊和內涵。我們無論在黃河之畔，或黃土之原，哪怕隨手撿起一塊磚瓦陶片，它們都會向我們講述一個個令人感慨、令人歙、令人驚歎、令人心旌靈動的傳奇故事；哪怕我們隨手採擷一枝花草，它們都會給我們演唱一段讓人陶醉、讓人愉悅、讓人難忘、讓人超然情激的動人神曲。這些深藏著中華民族的歷史和成長的美好記憶，遊動著民族精神的魂魄，鐫刻著斑斕多彩的藝術豐碑。那些引人入勝、驚心動魄的故事，那些風流瀟灑、豪俠仁義的志士，那些震古鑠今、搖人心旌的藝術，不能不讓人情動心顫、冥思神遊。吉祥民俗文化不僅是我們心靈的皈依，精神的寶藏，也是智慧的淵藪，藝術的殿堂。我們應走進它，讓心鳥在吉祥的天地裏自由地遊弋飛翔。

吉祥民俗文化在我國的形成歷史悠久，可以說是中華民族傳統文化中一種十分古老的文化，是根文化、母體文化。早在人類原始氏族社會時期，生產力極端低下，原始先民們在生產、生活中，經常會遇到一些自然災害、疾病和野獸的襲擊，在這些災難和兇險面前，他們顯得是那麼渺小和微弱，不僅對這些災難和兇險不可理解，而且還產生了一種恐懼心理。求生是人類的

一種基本欲望和本能，先民們在生產、生活中，為了生存，就祈求有神靈和自然萬物的救助和護祐，來為他們免除災難和兇險，從而形成和產生了圖騰崇拜信仰。如吉祥民俗文化中的龍、鳳、虎、魚、龜、鹿等，都和原始的圖騰崇拜信仰有著緊密的關聯。吉祥民俗文化中所認為的吉祥物往往也都是先民們圖騰崇拜信仰的形象，是由圖騰崇拜信仰物演化發展而來的。

圖騰崇拜是先民們最原始的一種信仰觀念和思想意識，是指某種自然物或自然力與某個氏族或部落有著密切血緣關係，氏族部落便把它作為祖先和神靈加以崇拜和敬奉，規定該氏族部落不得殺害這些作為圖騰的自然物，並把該圖騰的名字作為該民族部落的名字，把該圖騰物作為氏族部落集團的徽幟。如羌族以羊為圖騰，以羊為徽幟，視羊首人身為羌人的圖騰像。聞一多先生在《伏羲考‧圖騰的演變》中講得較清楚：「圖騰有動物，有植物，也有無生物，但最常見的還是動物。同一圖騰的分子都自認為是這圖騰的子孫。如果圖騰是一種動物，他們就認定那些動物為他們的祖先。於是，他們自己全團族的男男女女、老老少少也都是那動物了。」一個氏族選擇何種物類為圖騰，是和他們所生活的地理環境特徵、謀生手段、社會分工等緊密聯繫的，並用一種文化符號表示出來，區別於別的氏族。各個氏族的最初圖騰為原生圖騰，為直系血親圖騰。隨著生產、生活的需要，在不斷的交往中，漸而又發展演變出復合圖騰，如龍、鳳、麒麟等。復合圖騰是由多個氏族部落圖騰融合組成的產物，多為非真實自然物，均具有凝聚、團結、聯合各部落成員力量的作用。如龍是由鹿、駝、蛇、馬、魚、鷹、虎等圖騰動物組成。《爾雅翼》就曾記有龍有九似：角似鹿，頭似駝，眼似鬼（應為兔），項似蛇，腹似蜃，鱗似魚，爪似鷹，掌似虎，耳似牛。另如麒麟是集鹿、羊、

馬、牛、麋、獐等走獸之特徵於一身而成。

麒麟為圖騰崇拜物肇始於氏族社會時期，到春秋時期，人們又把它與聖人孔子的傳奇出生聯繫起來，發展成為一種吉祥物。據《拾遺記》載：「有麟吐玉書於闕裏人家。」是說孔子的父母想有個兒子，一天夜裏，孔子的故居曲阜闕裏突然出現一隻麒麟，嘴裏吐出一方玉帛。第二天，麒麟不見了，孔子降生，人們認為孔子的命運應為聖人王侯之種，故後世　人們便以麒麟為吉祥物。

吉祥物在人們的生產、生活中不斷傳承和發展。如烏龜從夏、商開始，除元代外，直到明清時期，人們一直把它作為神靈之物來崇拜，認為它能上知天文，下知地理，前知過去，後知未來，是上天所派的使者，擔負傳授天意和主降祥瑞的靈物。如《史記·龜策列傳》所云：「龜甚神，靈，降於天上。知天之道，明於上古。」但是，到了近代，龜成為人們貶損和謾　的對象。曾作為「四靈」之一的龜，在中國漫長的歷史發展進程中經歷了一個由貴到賤的過程。另如熊貓由於長期被人濫捕，瀕臨滅絕，引起人們的重視，被列為國家一級保護動物受到保護，再加上它那憨態可掬的形象，近年來也成為人們喜愛的吉祥物。1990 年亞運會，熊貓盼盼就作為吉祥物受到人們的歡迎。2008 年北京奧運會上「福娃晶晶」（熊貓）又被推選為五個吉祥物之一。

隨著歷史的發展和演進，雖然圖騰崇拜的原始意識消失，但演化下來的吉祥物仍留存有原始氏族圖騰崇拜的影子，並成為人們求吉、避邪、納福的一種普遍心理追求。陝北剪紙「抓髻娃娃」，淮陽人祖廟泥泥狗，三門峽民間刺繡中的蛇、蛙、魚等，都與原始圖騰崇拜有著千絲萬縷的淵源關係，被人們稱為「人類文化的活化石」。

吉祥民俗文化這一古老民族傳統文化，正是在原始圖騰崇拜信仰的基礎上形成和發展的，雖歷經幾千年的沉澱、延續、演變，仍綿延不絕，今天仍閃耀著生命的光彩。

　　吉祥民俗文化承載著人們的祈願和祝福，具有很強的生命性、生態性、根基性和母體性。它像一股清泉，源遠流長，生生不息，一脈相承，千年不衰，並且不斷融會貫通，不斷組合催化，不斷創新發展，至今猶盛。今天的大型運動會、重要活動都要徵集吉祥物，以求圓滿、順利、成功。如 2008 年奧運會在我國北京召開，徵集了魚、熊貓、聖火、藏羚羊和燕子為吉祥物，得到人們的認可和推崇。2008 年北京殘疾人奧運會的吉祥物福牛樂樂，更是招人喜愛。2008 年在鄭州舉辦的第十八屆全國圖書交易博覽會以小象博克為吉祥物。在古城洛陽舉辦的 2009 年世界郵展，以牡丹信使為吉祥物。這些吉祥物都代表著民族的特徵，表現出民族的精神，受到人們的喜愛。

　　歷史昭明：一個國家、一個民族、一個家庭、一個人，每時每刻無不與吉祥聯繫在一起，與之相隨相伴。節慶、壽誕、婚娶、生育、居室、飲食、禮俗、出行，等等，誰不祈願平安吉祥、吉利順暢？吉祥已成為人們須臾不可分離的保護神。一個國家吉祥，這個國家就會國泰民安，昌盛繁榮；一個民族吉祥，這個民族就會團結凝聚，興旺發達；一個家庭吉祥，這個家庭就會和諧幸福，美滿安康；一個人吉祥，這個人就會平安健康，事事順遂。

　　吉祥民俗文化作為一種文化現象已滲透在我們生活的每一個角落，與我們的語言、心理、行為、用品，甚至衣、食、住、行息息相關，密切相連。它是流淌在我們每個人血脈中的民族文化因素，在我們生活中無時無刻不顯現出靈光瑞兆。所以，它的表現形式也是豐富多彩、多種多樣的，呈現出多

層次、多元化、多樣性的特徵，具體歸納起來，大致有以下幾種表現形式：

❶吉祥物體

吉祥物體是指某個或某類物體以圖案、符號或藝術形象（如木雕、石刻、剪紙、年畫）等形式所表現出的吉祥文化的含義，表達著人們對吉祥的祈求意識和心理，滲透著吉祥民俗文化的內涵和意蘊。

吉祥民俗文化中所指物體，既包括動物、植物這些有機物體，也包括石、木、磚、瓦、瓷器、銅器、鐵器等這些無機物體，此外，還包括符號和神物。本書中所收的吉祥物均為吉祥物體。

❷吉祥行為

吉祥行為是指人們通過民風、民俗、禮儀等各種活動方式來表現吉祥民俗文化的內涵和意蘊。如本書中所收入的有關舊時婚姻禮俗中的「六禮」，老人壽誕時的拜壽，春節時闔家吃團圓飯，清明時掃墓、祭祖、踏青，端午節龍舟競賽，重陽節登高等這些民間禮俗活動，均屬吉祥行為民俗範疇。它是用來表達人們求吉納祥觀念和意識的。

❸吉祥語言

吉祥語言是指在某些特定場景中以語言文字的形式來表達祝頌、恭賀等祥瑞的意思，多為含有吉祥意義的短語。

「言為心聲」。吉祥語言是人們交流思想、溝通情感、營造氣氛、表達感受的重要手段和工具。

中國是禮儀之邦，幾千年來，人們形成的求吉納祥的心理和意識，多是通過語言來表達的。中國人在生活中都喜歡聽一些讓人高興的祝頌、恭賀的話語，以討個吉利的口彩。如過年人們見面時都要說「新年好」、「吉祥如

意」、「恭喜發財」等互相恭賀的吉語；親朋好友結婚時，見到新郎新娘，就會說「白頭偕老」、「百年好合」、「新婚快樂」等吉語；長輩壽誕時，晚輩拜壽時對長輩要說「福如東海」、「壽比南山」、「健康長壽」等吉語；朋友開業慶典時，要說「開業大吉」、「生意興隆」、「財源廣進」等吉語。總之，節日和喜慶場所，要說吉利話，絕對不可說不吉利的話語，不然會遭到唾　。所以，吉祥語言成為表達人們求吉心理的重要形式。

　　民間有一則笑話，很能說明人們對吉祥語言喜好的心理。從前，有一個做生意的人，很迷信說吉利話。除夕之夜家家都有吃餃子的風俗。他害怕妻子在煮餃子時說餃子破了不吉利，特意交代妻子說：「如果餃子煮破了，千萬不能說破了，要說掙了！」他妻子牢牢記住了這句話，在煮餃子時格外小心，結果一個也沒有破。他妻子煮好餃子後高興地給這個商人盛了一大碗餃子說：「今年一個也沒有掙！」商人聽後氣得大罵妻子。這反映了這個商人的迷信和功利心理，也說明了求吉觀念在人們心裏留下的烙印。所以，很多地方，在春節時大人都要交代孩子不要胡言亂語。有時孩子不注意，說了不吉利的話，大人便立即補上一句「童言無忌」，以求得心理上的安慰。

　　在信息社會的今天，這種以吉祥語言形式來表達求吉心理的現象仍普遍存在。如在節日或喜慶時，朋友們都會以手機發短信或寄賀卡的形式說些吉祥語來祝賀，這正是吉祥語的演變和發展，為溝通情感、交流思想、和諧社會起到了積極作用。

❹吉祥數字

　　數位本來是一種區別事物量度的符號，沒有任何吉凶禍福的含義，但融入民俗後，由於人們求吉避凶的心理和觀念，數字成為一種深含無窮奧妙的

文化現象，並且表現出一種意識，一種哲學。如人們在結婚、蓋房、出行時選日子；買車、買房、買手機選號都喜歡選一些吉利數位，或選這些數位組合後的吉利諧音，從而在心理上得到滿足和平衡。如選「一」，人們認為「一」是簡單的復雜，不僅是數的起源，也是世界的起源和本源。老子在《道德經》中說：「道生一，一生二，二生三，三生萬物。」古代哲學家把「一」稱為太極、太一，而萬物始於太極，一切源於「一」，一切又最終歸於「一」。「一」實際上就是最大、最高、最本源的意思。由於「一」具有這些特殊的內涵，中國人在很多事情上都總是去「求一」。因此，「一」成為吉祥之數。

　　《說文解字》裏說：「二，地之數也。」中國人也喜歡「二」，主要是因為人們常常希望好事成雙，雙被認為是吉祥的。如結婚時選日子，要選雙日子，貼喜字是紅雙喜，婚禮贈品都喜歡成雙成對，以此來比喻愛情雙棲偶居，美滿幸福。

　　中國人最崇拜「三」。《說文解字》裏說：「三，數名，天地人之道也。」《黃帝內經·素問·三部九候論》中，更強調「三而成天，三而成地，三而成人」的思想。據資料考證：《易經》中認為「三」是陽數，是「立」數。《史記·律書》云：「數始於一，終於十，成於三。」所以，「三」在中國文化中有著特別重要的地位。但歐美很多國家把十三這個數字當作禁忌，稱之為不幸數字，因為十三是耶穌基督的受難之日。

　　「四」是「二」的倍數，象徵完整、對稱、和諧等，在古代是個吉祥數字。如「四世同堂」、「四通八達」、「四平八穩」、「四季發財」等。但在日本、韓國及中國的港臺地區等，把「四」看成不吉利的數位，這主要是「四」與

「死」諧音造成的。

「五」跟「十」一樣，在中國人的審美心理中都是完整、圓滿、吉祥的象徵。人們不但追求十全十美，而且也向往五穀豐登、五彩繽紛，從生日祝壽到慶典，都是逢五、逢十為大慶。

「六」是吉祥、順利的象徵。中國人把「六」看成是順的意思，經常選帶「六」的日子或數字以示吉利。

「七」是最神秘的一個魔法數字，被視作極數、聖數、命數，也是一個大吉大利之數。我國及世界許多民族文化中都把一些美好事物與「七」相連。

「八」是個吉祥數字，因為「八」的諧音就是「發」。

「九」是最大的陽數，也是一個吉祥的數字。古時稱帝王為「九五之尊」。它不僅象徵至高無上的皇權，而且也植根於民俗文化之中。與中國人相反，日本人忌諱「九」，因為在日語中它的發音與「苦」相近。

吉祥數字，說穿了是人們為了求得心理平衡和滿足的一種迷信，但在吉祥民俗中又不失為一種獨特的文化現象。用數位來象徵吉凶禍福，不僅古今中外相通，而且普天之下都有，並且滲透到人類文明的毛細血管中，不斷豐富著文化內涵積澱和深厚的文化底蘊。

❺吉祥色彩

色彩本身是無生命、無情感的，但當它與有意志、有思維、有生命的人產生聯繫後，就會成為反映人的情感和心理活動的一種符號。如紅色往往表達的是快樂、熱烈、奔放、喜慶的情感，多用來象徵神聖、愛情和革命；黃色往往表達親近、柔和、興奮、希望的情感，多用來象徵豐收、富貴、光明；綠色往往表達清爽、溫順、善良、安詳的情感，多用來象徵青春、和

平、生命、生長，等等。每種色彩都表達著不同情感，都有不同的象徵性。

　　同時，人們對色彩的好惡，常常又會受到性別、年齡、個性、習慣、經歷、職業、宗教、時代、環境、民族、信仰等多種因素的影響。可見，色彩作為一種載體，富有極其豐富的文化內涵。瞭解色彩表情達意的特徵和規律，對豐富我們的精神生活和文化藝術寶庫，對提高我們的文化素養是很有必要的。

　　中華民族是一個歷史悠久的民族，又是一個崇尚色彩的民族，很早氏族先民們就喜好用色彩來表達情感和思想。打開厚重的中華五千年文明史冊，可以看到，我們的祖先與紅色和黃色有著千絲萬縷的密切的聯繫。我們不妨追溯到先祖炎帝對紅色的崇拜和為什麼他被稱為「炎帝」。追根溯源，這首先緣於原始先民們對火的崇拜。因為是火把人類從茹毛飲血的野蠻時代帶入文明時代。正如《韓非子·五蠹》云：「有聖人作，鑽燧取火，以化腥臊，而民說（悅）之。」原始氏族時期的先民們認為：火是聖人帶來的。火種是不能熄滅的，是氏族家庭和生命的所在。在仰韶遺址的發掘中，就發現氏族家庭的房屋中間都保存有火塘，這是為了讓火種世代不熄。所以是火給人類帶來了光明、吉祥，成為人類生存和繁衍的生命之源。因為火為紅色，所以先民們把發明鑽燧取火的始祖聖人稱為「炎帝」。又因為紅色稱赤色，所以炎帝又稱「赤帝」。另外，原始先民們還把火視為火神和太陽神的化身，所以把對火的崇拜轉化為對紅色的崇拜。

　　我們再從民間民俗的角度來看，大凡在節日、婚嫁、壽誕等喜慶的日子，人們都喜歡用紅色來布置場景，如春節掛大紅燈籠、貼紅對聯、給孩子發紅包（壓歲錢）；婚禮時新娘穿紅衣服、蓋紅蓋頭、貼紅雙喜，甚至陪嫁的

一切嫁妝都為紅色；在壽誕時，壽堂上要點上一對紅壽燭，擺上一盤紅壽桃，在中堂貼一個大紅「壽」字；等等。紅色成了熱烈之色、歡樂之色、生命之色、喜慶之色。這些正昭示了紅色為祥瑞之色的文化內涵。從本書中我們也可以看到紅色成為世代人們祈願和追求吉祥、幸福的最有魅力、最美的色彩。

由於先民們對紅色的崇拜，古時還把中國稱為「赤縣」或「赤縣神州」。《史記·孟子荀卿列傳》云：「中國名曰赤縣神州。」唐代大詩人李白在《贈宣州趙太守悅》詩中有：「赤縣揚雷聲，強項聞至尊。」毛澤東在《浣溪沙·和柳亞子先生》詞中亦有「長夜難明赤縣天」。這些詩詞中的赤縣均指神州中國。由於中國被稱為「赤縣」，所以，人們把生活在這塊土地上的中華兒女稱為「赤子」，把他們對國家和人民的一片赤誠之心稱「赤心」。這些正表達了中華兒女對祖國赤縣的熱愛，也包含了更新、更深的文化內涵。

今天，紅色又成為革命的象徵。紅色被認為是革命先烈為國捐軀而灑下的熱血，被賦予更深的文化內涵。如中華人民共和國國旗為紅色。少先隊員的隊旗和紅領巾為紅色，象徵紅領巾和隊旗是由革命先烈用鮮血染紅的。革命戰爭時期，人們把革命根據地稱為紅色根據地，把無產階級政權稱為紅色政權，現在甚至把到革命聖地旅遊也稱為紅色旅遊。紅色已成為熊熊燃燒的革命之火，蘊藏著巨大的力量，充滿了活力。今天，紅色又成為神聖之色、革命之色、時代之色。

黃色也是中華民族的喜愛之色、崇尚之色。為什麼中華民族又推崇黃色呢？這主要有以下幾個原因：一是認為黃為土地之色，女媧用黃土造人，黃土人是我們的先祖，所以中國人稱黃種人。中華民族的起源與黃土有著密切

關係，所以崇尚黃色。另有人認為，黃色為土地之色，萬物生長於土地，正是黃土地滋養了華夏民族，孕育了華夏民族的生命，黃土地是中華民族的象徵，所以崇奉黃色。二是傳說黃帝的母親附寶，有一天晚上在室外忽見一道黃光繞北斗樞星，附寶隨而有孕，24 個月後生下黃帝。譙周《古史考》云：「（黃帝）以土德王，土色黃，故曰黃帝。」另又傳說黃帝為黃龍演變而來。《史記·天官書》云：「軒轅，黃龍體。」由於黃帝與黃土、黃龍的關係，故崇尚黃色。還有一說，黃河是中國的第一大河，被稱為中華民族的母親河，中華民族文化的搖籃。黃河古稱「河」，為什麼後世加上一個「黃」字呢？有人說是因為大河流經黃土高原，稱為黃河；也有人說因為河水中含有大量泥沙，常呈黃色而得名。這些說法均沒有說出「黃河」得名的真正含義。真正的含義是我們的始祖黃帝生活、活動在黃河流域，炎黃子孫世世代代生活繁衍在這裏，創造了舉世聞名的燦爛黃河文化。這才正是華夏民族對黃色崇拜和信仰的真正緣由。

在中國歷史上，黃色還曾被視為至尊、皇權的象徵，成為帝王的專用色，古代帝王的龍袍和居住的宮殿均為黃色。後來，由於皇權的壟斷，人們雖對黃色漸漸疏遠，但由於歷史原因，在人們的觀念和心理上仍認為黃色為富貴、吉祥的象徵。

赤橙黃綠青藍紫，色彩是豐富多樣的。大千世界是一個迷人的充滿魅力的色彩世界。色彩與人們的生活息息相關，滲透在人們生活的角角落落。每個人對每種色彩都有不同的好惡，每個民族、國家對色彩也都有不同的崇尚。色彩也像萬物和語言一樣具有象徵性，表達出豐富的意蘊和情感。

中華民族是一個崇尚色彩的民族。幾千年來，紅色和黃色已滲透和融入

中華民族的精髓之中，時時處處，事事物物，紅色與黃色無不表達和反映著中華民族的文化和精神。但是，中華民族絕不排斥別的色彩，紅色和黃色是中華民族的主色調，而其它色彩為輔色調。因為世界是五彩繽紛、多姿多彩的。

中華民族是一個祈求吉祥、和諧的古老民族。幾千年來，吉祥民俗文化已成為一種象徵、一種符號、一種理想、一種追求，意味著呵護，意味著滋養，意味著守望，意味著情感，這是一種文化意義的人與社會、人與自然的和諧共生。

黨的十七大明確提出：「弘揚中華文化，建設中華民族共有精神家園。」吉祥民俗文化亙古至今，生生不息，本來就是我們中華民族共有的美好精神家園。千百年來，吉祥民俗文化以博大精深的文化內涵，給我們心靈以慰藉，精神以安撫，理想以歸屬。

在歷史上，吉祥文化曾以其特有的民族凝聚力、向心力、吸引力、親和力，喚起民眾的認同感、歸屬感、安全感。在經濟全球化、信息數位化、文化多元化的今天，吉祥民俗文化正是我們的精神家園，生命的魂魄，不滅的記憶。吉祥民俗文化是中華民族之根，是民族的血脈；是中華民族童年的生命、生存、成長的記憶，是一種原生態的草根文化。事實證明：一個民族的吉祥文化歷史越是古老、悠久、源遠，其文化積澱就越博大、精深、厚重，其生命力和精神就越蓬勃旺盛。國學大師章太炎先生曾說：「國之有史久遠，則滅亡之難。」講的就是這個意思。其實，文化也有嚴峻的安全問題，這絕對不是危言聳聽，因為朝代會不斷更迭，但民族的血脈和文化因素是一脈相承的。如果一個民族的文化被另一個民族的文化所取代，那麼，這個民族就

沒有了根，血脈就會阻斷，因素就會變異，魂魄就會消失，精神就會失去棲居之地。其實，這比武裝侵略更可怕，更危險。武裝侵略可以使國人震醒，使國人團結，同仇敵愾，加深記憶，而失去了文化之根，首先在精神上就沒有了家園，就會血脈不通，記憶漠然，魂魄麻木。只要一個民族的歷史文化沒有消解，其精神魂魄就會仍然存在，血脈仍會流動，記憶就可恢復，該民族的復興就會有希望。

吉祥文化正是中華民族精神家園中一棵古老的瑰葩，它是中華民族生命力、向心力、親和力、凝聚力的源頭活水；是中華民族團結一心，排除險惡，共同奮進的精神力量；是中華民族和諧共存，生生不息，繁榮發展的恒久動力。所以，在當前各種文化衝撞、激盪、淘洗的大浪中，共同營造一個和諧、吉祥的精神家園，有著特殊、重要的意義和價值。

今天，我們已進入新的世紀，21世紀是中華民族復興的世紀，為告慰先祖先賢，昭示來者，我們作為炎黃子孫，應肩負起弘揚和傳承中華民族憂秀文化，彰顯中華民族精神內涵和藝術魅力，建設中華民族共有的和諧精神家園的神聖使命。

隨著時代的前進，社會的進步，科學的發展，文明的進化，我們對吉祥文化也應不斷創新和發展，應汲取其它國家和民族的先進文化精髓，剔除糟粕，吸取精華，在繼承的基礎上融入時代精神，創造出更憂秀、更先進的吉祥文化。

婚育民俗
與吉祥文化

（一）傳統婚育吉祥民俗文化

　　婚姻和生育是每個人一生中的一件大事、喜事。因為它是一個人成家立業的標志，關係著家庭的幸福美滿，關係到家族的繁衍延續，所以人們視其為「終身大事」，高度重視。

　　中國傳統婚育民俗很重視吉祥，始終圍繞著吉祥文化的祝福和避邪兩大永恆主題來進行和發展，其目的就是為了生命延續、「綿綿瓜瓞」、和諧幸福、繁衍興盛。雖然隨著時代的變遷、歷史的演變，婚育民俗也在不斷發生著變化，但求吉納祥的主題和觀念仍保留在現代婚育習俗中。

　　中國是禮儀之邦。古代中國的婚禮主要有「六禮」。所謂「六禮」，是指從議婚到完婚過程中的六種重要禮節儀式。

　　「六禮」最早為周代所行，後世多有變更，其主要內容為：「納採、問名、納吉、納徵、請期、親迎。」按漢鄭玄對《禮記・昏義》所注：納採用

雁，將欲與彼合婚姻，必先使媒氏上通其言，女氏許之，乃後使人納其採，擇之禮。納採而用雁為執其，取其順陰陽往來。問名，問名者，將歸卜其吉凶。納吉，歸卜於廟，得吉兆，復使使者往告，婚姻之事於是定。納徵，是使者納幣以成婚禮。請期，陽倡陰和，期日宜由夫家來定也。夫家必先卜之，得吉日乃使使者往辭，即告之。親迎，所以重之親之。下面對「六禮」具體作一解釋。

納採：就是男方看中女方後，讓媒人去向女方家提親。「採」就是男方托媒人送給女方的禮物。先秦時的「採」都要用大雁，據說這是由周公規定的。《儀禮・士昏禮》即云：「昏禮下達納採用雁。」古代提親時必須要帶上大雁（或叫鴻雁），又稱「奠雁」。為什麼要帶大雁呢？據說大雁一生只配偶一次，無論雌雄，若一隻先死去，則另一隻永不再尋配偶。另一說，大雁秋天飛到南方，春天又飛回北方，是一種隨季節而規律生活的隨陽之鳥，遵時守信。由此，古人用雁作提親的禮物，含有吉祥和順、忠貞不渝、夫唱婦隨、白頭偕老、百年好合的寓意。提親後，當女方對男方比較滿意時，就收納下這些禮物，這就表示「納採」成功。否則，就婉言謝絕。

問名：就是女方同意男方婚事後，男方家要備好禮請媒人去問女方的名字、排行、生辰八字以及父母和家庭的情況等。到宋代以後，就改為男方托媒人向女方去「索帖」，後來，又改為男女雙方互相交換庚帖。庚帖雙方要各自寫上姓名、生辰八字、家庭、父母、兄弟情況等。寫庚帖要用紅紙，表示喜慶；字數要為雙數，表示成雙成對。清徐珂《清稗類鈔》曰：「男女訂婚，先請女家庚帖。庚帖所書，為年月日時之八字。」

納吉：男方問清女方家的情況後，就請算命先生占卜男女雙方是否相

合、相剋，是吉、是凶。如果占卜為吉，男女相合，男方再派人帶禮物通知女家，確定婚約，也就是現在所說的「訂婚」。訂婚時，最重要也是必備的禮品是「茶」，有「下定茶」、「訂茶」和「吃茶」等婚俗。

納徵：「徵」即是「成」的意思，亦稱「納成」、「納幣」。也就是說雙方都同意訂婚後，男方要正式請人把聘禮送到女家，這就相當現在的「送彩禮」、「下彩禮」、「過聘禮」等。女方接受了彩禮，就算正式確定下來，是不能反悔的。舊時下聘禮都有禮帖，即用紅紙把聘禮都寫上。聘禮的數量也要用雙數，寓意成雙成對。寫聘禮物品要用吉祥名字，如把蓮子、花生、桂圓、栗子寫作「連生貴子」，把石榴寫為「房中多子」，把毛筆、銀錠、柑橘寫作「必定甘吉」等。

請期：俗稱「選日子」。女家接受彩禮後，男方便擇定結婚的吉日良辰，並讓媒人帶禮品去女家告知結婚日期，傾聽女方家意見。「請期」的主要目的是選定吉祥的日子結婚。古人又稱「擇吉」，即選擇吉日良辰。古人對擇吉非常重視，要請算命先生來占卜，所以舊時算命先生均收有一部《增補諸家選擇萬全玉匣記》，用以擇吉。另外，民間也有很多擇吉的傳統習俗。如有的認為春天結婚最好，因為春天陰陽交接，萬物生發，順應天時。也有的認為秋天或歲終結婚最合時宜。選日子，也多選雙日，如六、八，或吉祥日三、六、九等。這些由占卜者來定。

親迎：又稱「迎親」。日期定下後，新郎親自在選定的吉日把新娘接到家裏來，這是「六禮」中最隆重、最熱鬧的一個儀式。古代迎親之禮非常繁雜和講究，越是有名望或富貴人家越重視。「親迎」還有很多習俗，如送親、接親、迎轎、下轎、拜天地、入洞房等幾個禮儀環節。在這些禮儀環節中，

各地還有送親、迎親時跨火堆、撒谷豆的婚俗；在布置新房時，有為新郎新娘鋪床、壓床的婚俗；鬧洞房時，有「翻床」的婚俗；在求親時，有送筷子的習俗；有在女子陪嫁禮品中必備鏡子的習俗；婚禮上有吃紅雞蛋的婚俗；入洞房時有牽紅綢、挑蓋頭、喝交杯酒的風俗；結婚時有貼紅雙喜的婚俗；等等。

古代民間婚俗基本上是按照「六禮」來進行的，但因地域、時代、家境、文化的不同，也有很多變化。現在的婚俗比舊時要簡單多了，特別是在城市更簡單。如有的僅有定親、擇日、迎親等儀禮。但是在偏遠的少數民族地區，還保留有很多原始的婚俗遺風，體現出更多的淳樸、自然的習俗。如《中外傳統習俗1001》一書載有中國彝族姑娘在結婚前絕食的習俗：據說，在遙遠的古代，有個姑娘出嫁到遠方。行至半路，她要方便，不幸被藏在林中的一隻老虎吃掉了。虎吃新娘之後，變成新娘的樣子。後來，新郎的妹妹無意中發現了這個秘密，告訴了哥哥。哥哥從山上砍了許多竹子，編成籬笆，把屋子圍了個裏三層外三層，然後藉口出　去請人修蓋屋頂，把虎妻關在裏邊。但等新郎回來後，發現籬笆被拆除了，他妹妹也被虎妻吃掉了。後來新郎用計把虎妻用酒灌醉，拴在木樁上放火燒死了。這個故事顯然是用來告誡新娘，婚前要「雜空」，不然就會有災禍臨頭。所以，彝族姑娘在結婚前十天就開始絕食，即使口干時，也只能含一口水漱口，不能咽下。這種絕食，彝族人稱之為「雜空」。彝族姑娘出嫁前的絕食習俗，就是為避災除邪、吉祥平安。

另如湖南西南苗族自治縣的青年在訂婚時，必須先做好像徵吉祥、幸福的糯米粑。糯米粑做好後，男女兩家要事先選定一個吉日，各自挑選一位德

高望重的老人互送糯米粑。在很多糯米粑中，必有一個又圓又大的鴛鴦粑，上面印有「鴛鴦」兩字，在字的兩邊各畫有一隻鴛鴦鳥，以表示對新人及家人的美好祝願。婚禮的當天晚上，親朋好友們紛紛抬著一箱箱糯米粑前來參加婚禮儀式。婚禮由一位頭頂刻有「吉祥」兩字的大糯米粑的聰慧貌美的少女主持。當婚禮將結束時，主婚人用一個雕花的木盤子端上一個糯米粑給新郎新娘吃。糯米粑上描繪著龍鳳圖案，在龍、鳳之間，畫有一個白白胖胖的娃娃，以祝願新婚夫妻白頭偕老，早生貴子。

古代，在婚姻「六禮」中，也有很多忌諱。如定親時同姓不婚，宗親不婚，表親不婚，認為這種婚姻生的孩子品質不高，有災難，歷代均有禁律，直到清末才改為禁止五服之內通婚。現在「同姓不婚」已沒人注意，「宗親不婚」仍被禁止，從遺傳學、倫理或憂生憂育角度來講，確實有一定的科學性。

舊時，婚姻在生育和年齡上也有禁忌，如有的地方忌諱女方比男方大一歲，有所謂「女大一，不是妻」。還有的忌男女雙方同歲的，尤其忌同年同月同日生，如河南有俗諺曰：「同歲又同月，月月子宮缺。」也有的忌男女年齡相差三、六、九歲的，以為會犯沖，相剋相害，對子孫不利。但也有一些地方卻恰恰與上面的忌諱相反，這些婚俗均因地而異。

舊時在屬相上有更多禁忌，如女方忌屬虎、屬羊，民間認為女子屬虎、屬羊會剋夫，特別對夜間生的屬虎女子更忌諱。女子屬羊也不好，俗諺有：「女子屬羊守空房。」為了避諱屬虎、屬羊禁忌，一般在報年齡時把年齡多報或少報一歲。所以，民間有「女命無真，男命無假」之說。還有的地方忌諱屬雞和屬狗的結婚，常言：「雞飛狗跳，夫妻不長。」有的忌諱屬虎與屬蛇的

結婚，認為是「龍虎相鬥，必有死傷」，俗諺有：「龍虎相鬥，必定短壽。」還有的忌男女都屬虎，因「兩虎不同山」。還有的忌屬馬配屬牛的，俗諺有：「只為白馬怕青牛，十人近著九人愁。」還有忌屬豬與屬猴結婚，俗諺有：「豬與猿猴不到頭，朝朝日日淚交流。」等等。當然，這些都是迷信，絕無科學道理，不必相信。

隨著現代社會的發展和進步，很多封建落後的傳統風俗已被拋棄，現代婚俗逐漸吸收和融入了西方的婚禮習俗，如新郎穿西服，新娘穿白色婚紗，婚禮派對，訂婚送戒指、度蜜月旅遊等。總之，婚禮更簡潔、活潑，更具文明、浪漫色彩，更有自由、個性特點。但是盡管千變萬化，追求夫妻和諧、百年好合、忠貞不渝、幸福美滿、吉祥如意的傳統婚姻觀念仍貫穿婚禮始終，吉祥文化的內涵也始終蘊含在婚禮中。

婚姻與生育密切聯繫。在古代社會，由於王朝的頻繁更替，戰爭連綿，再加之天災人禍，瘟疫病害，人口大量減少，結婚後生兒育女受到人們的特別重視。因為它關係到傳宗接代、子孫繁衍、後代昌盛，所以中國傳統的生育觀和生育特徵是早婚早育，多子多福。在這種生育觀的支配下，祈子、求吉的風俗便應運而生。從遠古的女媧造人、伏羲女媧交尾、生育之神——高禖，到送子觀音；從生育吉祥物麒麟、撒五穀、撒瓜果、掛葫蘆到民間一系列婚育祈子吉祥民俗的「催生」、「洗三」、「送紅蛋」；等等，都深深植根於人民大眾的實際生活之中，閃耀著中華民族的智慧，成為中華民族文庫的寶貴文化遺產，普遍受到重視，並一直影響到今天。

婚育習俗的目的是求吉、祝福和避邪，祈求生活幸福美滿、吉祥安康、白頭偕老、百年好合、瓜瓞綿綿、子孫繁衍。但要達到這個目的，必須借助

與婚育有關的種種具有特定文化內涵的象徵物來完成。這些與婚育有關的吉祥物和婚育習俗有著緊密關係，在婚育禮俗文化中均有著特殊的象徵意義。如鴻雁象徵忠貞不渝、百年好合，鸞鳥、鴛鴦象征夫妻和諧、幸福美滿，燕子象征夫妻恩愛、比翼雙飛，琴瑟象征夫婦好合、夫唱婦隨，比翼鳥、比目魚象征夫妻兩情相諧、地久天長，筷子象徵快得貴子、子孫繁衍，鏡子象徵白頭偕老、永不分離，葫蘆象徵子孫萬代、綿延不絕，石榴象徵多子多孫，萱草象徵宜男多子。另外還有把幾種吉祥物連在一起，取諧音意來求吉祥的，如把棗子、花生、桂圓、栗子四物合在一起象徵「早生貴子」，把銅鏡和鞋子放在一起象徵「同偕到老」，把芙蓉花與桂花放在一起象徵「夫榮妻貴」，把瓜和蝴蝶放在一起象徵「瓜瓞綿綿，子孫萬代」，把蓮花與桂花放在一起象徵「連生貴子」，把鴛鴦與蓮花放在一起象徵「連生貴子，子孫繁盛」，等等。

（二）婚育民俗文化與吉祥物

天媒地證紅雙喜
——紅雙喜與婚育吉祥文化

紅雙喜是用紅紙剪成方形、長方形或圓形的兩個喜字連成的吉祥圖符。從古到今，人們在婚慶時，屋內屋外，凡是醒目的地方都要貼上大大小小的紅雙喜。特別是堂屋中間和洞房內，紅雙喜在燭光的映照下，紅光閃耀，給新房增添了更多的喜慶氣氛。

紅雙喜並不是正式的漢字，在《現代漢語詞典》和《辭海》中是查不到的，而是人們為象徵喜上加喜而造出的一種婚慶時所用的吉祥圖符。紅雙喜含有兩層文化內涵：一是新郎新娘巧結良緣，以示夫妻恩愛、白頭到老；二是象徵早生貴子、榮華富貴。總之，紅雙喜表達了人們對新婚夫婦的慶賀和對婚後生活美滿、幸福的祈求。

關於結婚時貼紅雙喜的習俗，民間還流傳著一個美妙動人的故事。北宋時，王安石進京趕考，來到京城汴梁（今河南開封），看見街上一馬姓富貴人家懸聯擇婿。上聯是：「玉帝行兵，風槍雨箭，雷旗閃鼓天作證。」求對下聯，能對上者可招為乘龍快婿。王安石覺得很有趣，可是左思右想，一時無法對出下聯，只好暫時放棄對聯，急忙趕考去了。

你說巧不巧，誰知應考時，主考官竟出了一聯為：「龍王設宴，日燭星燈，山食酒海地為媒。」王安石立即聯想到應考前在馬家門前看到的那副上

聯，正好與此聯相對。王安石不假思索地對上了主考官所出之聯，而且聯意
巧妙、對仗工整。主考官見王安石如此之快對上，認為王安石才思敏捷、聰
明過人，十分讚賞。

王安石考畢走上大街，仍見馬家的擇婿對聯掛在那裏，還沒人能對上，
他便以考聯作對，正好相合。

王安石巧對對聯被招為快婿，在舉行婚禮的大喜日子裏，又忽報王安石
金榜題名，高中狀元，真是喜上加喜。王安石喜不自禁，用筆在紅紙上連寫
了兩個喜字，讓人貼在門上，還即興吟詩一首：

巧對聯成紅雙喜，天媒地證結絲羅。

金榜題名洞房夜，「小登科」遇「大登科」。

從此，結婚時貼紅雙喜的習俗便流傳開來，以祈求新婚吉祥如意、幸福
美滿的彩頭。

上述傳說故事無史據可查，只是人們根據民間的「四喜」：「洞房花燭
夜，他鄉遇故知，久旱逢甘露，金榜題名時」杜撰而成。而真正貼紅雙喜的
起源應是民間對喜神的崇拜，這與民間「走喜方」、「迎喜神」的婚俗有著密
切的關係。

喜神是婚姻之神、吉祥喜慶之神。傳統的喜神沒有具體的形象，只有所
在的方位。有的曾用和合二仙或祖先神來代替喜神，但沒有流行開。民間
「走喜方」的習俗正是人們對喜神崇拜的表現形式。「走喜方」即是朝著喜神
所在的方向行走，以祈喜神降臨吉祥、賜予幸福。

「走喜方」主要是將要出嫁的少女所施行的一種民俗活動。在正月初一天剛濛濛亮，幾個將要出嫁的少女相邀出門朝有喜神的方向走去。喜神在哪裏呢？民間便以最早打鳴的公雞所在方位為喜神所在方向。所以，舊時將出嫁的少女在除夕之夜一夜不睡，專門注意雄雞所叫的第一聲在何方位。待天亮時，少女們便相邀朝雞鳴方向急走。如果路上遇到令人高興的事物或吉利的兆頭，就認為是喜神所賜之福，預示將來婚姻美滿幸福，好運連連。反之，遇上不吉利的或不高興的事，就認為沒有得到喜神所賜，將有厄運。

姑娘們「走喜方」時，就常以是否遇到喜鵲來判斷是否碰上喜神。遇見喜鵲就認為是好兆頭、吉利、走運，說明遇到了喜神。因為喜鵲是吉祥鳥、喜鳥，人們都喜歡。俗言：「喜鵲喳喳叫，好運就來到。」如果遇上烏鴉，就認為晦氣，因為烏鴉是不祥之鳥。

「走喜方」時一旦遇上烏鴉叫，解除晦氣的辦法就是繼續走，一直走到遇上喜鵲為止。

當然，「走喜方」不僅以喜鵲和烏鴉來判斷吉兆和凶兆。還有很多事物均可作為「走喜方」判斷吉凶的標志。其實，判斷吉凶，主要靠人的心理、心情和感覺來定。

「迎喜神」就是新娘在上轎前，先要由陰陽先生來確定喜神方位，再算出喜神出現的時間，然後把花轎口朝喜神方向停放，按算定的時辰讓新娘上轎，上轎後停一會兒再往男方家走，這就是「迎喜神」。

「走喜方」、「迎喜神」的風俗都與婚姻有關，喜神是主導婚姻的吉祥神。所以古今婚禮都要在很多地方貼紅雙喜，以示喜神來到，會帶來吉祥幸福。

　　除紅雙喜外，人們還為喜神創造了另一個圖符「禧」，是由「示」和「喜」組成，意為「見喜」、「示喜」。紅雙喜用於婚慶，而「禧」是用於節慶，貼在門上、房梁上，寓意「抬頭見禧」、「出門見禧」。「禧」的影響遠沒有紅雙喜影響大，運用廣泛。但「喜喜」和「禧」都象徵喜事臨門、吉祥幸福。

百鳥之王有鳳凰
——鳳凰與婚育吉祥文化

　　鳳凰為中國傳說中的瑞鳥，「四靈」（青龍、白虎、朱雀、玄武）之一，為「百鳥之王」，雄稱「鳳」，雌稱「凰」，通稱為「鳳」或「鳳凰」。鳳凰古代又稱鳳皇、朱雀、孟鳥、鷺鳥、天蒙鳥等。周代師曠《禽經》認為：「鳥之屬三百六十，鳳為之長。」《春秋繁露》亦說：鳳，火精，丹穴，非梧桐不棲，非竹食不食，非醴泉不飲，身備五色，鳴中五音，有道則見，飛則群鳥從之。可見鳳性高貴。另《宋書·符瑞志》所記：鳳凰首戴德而背負仁，項荷義而膺抱信，足履正而尾係武。小音中鍾，大音中鼓。延頸奮翼，五光備舉。興八風，降時雨，食有節，飲有儀，往有文，來有嘉，遊必擇地，飲不忘下。其鳴，雄曰「節節」，雌曰「足足」。……通天祉，象百狀，達王道，率五音，成九德，備文武，正下國。

　　鳳凰為傳說中的神鳥。關於鳳凰的形貌，古書中有很多記載。如《山海經·南次三經》云：「丹穴之山有鳥焉，其狀如雞，五采而文，名曰鳳凰。首文曰德，翼文曰義，背文曰禮，膺文曰仁，腹文曰信。是鳥也，飲食自然，

自歌而舞，見則天下安寧。」古人已把鳳凰的形貌當作德、仁、義、禮、信的象徵。《爾雅・釋鳥》云：「鳳其雌凰。」漢郭璞注曰：「鳳，瑞應鳥，雞頭，蛇頸，燕頷，龜背，魚尾，五彩色，高六尺許。」《太平御覽》卷九一五說鳳有「六象」：頭象天，目象日，背象月，翼象風，足象地，尾象緯。這是一種抽象比喻，很難說明問題。《說文解字》講得比較清楚：「鳳，神鳥也，天老曰：鳳之象也，麟前鹿後，蛇頸魚尾，龍紋龜背，燕頷雞喙，五色備舉。」《宋書・符瑞志》寫得更具體：「（鳳）蛇頭燕頷，龜背鱉腹，鶴頂雞喙，麟前魚尾，青首駢翼，鷺立而鴛鴦思。」《韓詩外傳》亦云：「鳳象鴻前而鱗後，蛇頸而龜尾，龍紋而龜身，燕頷而雞喙。」總之，鳳是雜糅多種鳥獸形象的憂點而集於一體的祥鳥。它像龍一樣，雖然在自然界中並不存在，但在人們的意識中卻是集真、善、美於一體的吉祥神鳥，被賦予深刻的文化內涵。

鳳凰還是古代華夏民族東方部落崇拜、信仰的神鳥。據《左傳·昭公十七年》載：東方少皞大部落中就有鳳鳥氏、玄鳥氏、青鳥氏、丹鳥氏，所以，古代鳳凰又稱「鳳鳥」、「玄鳥」、「青鳥」、「丹鳥」等。《史記・秦本紀》還記有秦的先祖大業，也是玄鳥所降生的故事，「女修織，見玄鳥隕卵，女修吞之，生子大業」。後來大業又生子大費，協助夏禹興修水利，治理洪水。後又協助舜調馴鳥獸有功，舜賜大費為嬴姓，成為秦代嬴姓的始祖。相傳，鳳凰還生有九子，據《郭仲產荊州記》：安陸縣東四十里，南有鳳凰岡……鳳凰將九子，樓集其上。因為它們是傳說中的吉祥神鳥，所以受到人們的尊崇和敬仰。

把鳳凰作為圖騰神鳥，還來自它為火精，象徵太陽，內蓄太陽之精華。

為什麼太陽又為火精呢？因為太陽出自「丹穴之山」。「丹穴」為太陽之家，是太陽出沒之處。古時太陽又別稱「丹朱」，丹朱本為色彩，乃是太陽之色。「丹穴」即是太陽之山。鳳凰出自「丹穴」，當然與太陽有著血緣聯繫，所以鳳凰又稱太陽鳥、陽精、火精、朱雀、陽鳥、金烏等。更生動形象的圖像標誌是「金烏負日」圖。這些均反映出古人對鳳凰與太陽信仰的同一性。其中的朱、赤，即為火，火為陽光強烈的象徵，火即日。郭沫若先生曾寫有一篇長詩《鳳凰涅槃》。涅槃，是佛語。它不僅指寂滅，更重要的是指經過陣痛和死亡後的新生。這是郭沫若借鳳凰在烈火中自焚更生的神話，來激勵中華民族奮進，賦予了鳳凰更神聖、更深廣、更博大的文化內蘊。

鳳凰為吉祥之鳥，在民間婚俗中又喻為夫妻，鳳為丈夫，凰為妻子。「鳳彙於飛」、「鳳凰和鳴」，就像征夫妻恩愛和諧、夫唱婦隨、百年好合、相偕到老。《詩·大雅·卷阿》：「鳳皇於飛，翽翽其羽。」是說鳳與凰雙雙振翅飛翔。《左傳·莊公二十二年》云：「初，懿氏卜妻敬仲。其妻占之，曰：『吉，是謂鳳皇於飛，和鳴鏘鏘。』」注：「雌雄俱飛，相和而鳴鏘鏘然，猶敬仲夫妻相隨適齊，有聲譽。」

鳳凰還與古代的一則美麗動人的愛情故事《吹簫引鳳》有關係。相傳春秋時代，秦國國王秦穆公的愛女弄玉，生得豔麗無比，聰慧賢淑，知書達理，從小就喜歡音樂，猶擅吹簫。

秦穆公視愛女如掌上明珠，專門為女兒建了一座有陽臺的閨閣，讓女兒在樓內吹奏，取名「鳳樓」，並把寬敞的陽臺取名「鳳臺」。

一天晚上，弄玉正在鳳樓吹簫，忽然聽到遠處有簫的應和聲。她忙停止了吹奏，想聽聽和聲來自何處，誰知和聲也停止了，只留下嫋嫋繞梁的餘

音。弄玉只好鋪床睡覺，恍惚中見一位少年郎，騎一隻彩鳳飛到鳳臺上，依
石欄吹奏起玉簫。弄玉聽得神迷情顛。

一曲終了，少年告訴弄玉，他住太華山中，便跨鳳而飛。弄玉欲追，猛
醒過來，原來是一場美夢。

從此，弄玉茶飯不思，終於病倒。秦穆公得知女兒的病因後，立即派人
去太華山尋找那位吹簫的少年，令快召進京。派去的人在太華山果真找到了
這位少年，秦穆公和弄玉大喜，立即讓其吹簫一曲。那少年當場吹奏，一曲
未完，圍樓白雲飄飄，祥鶴翩翩，弄玉的病也立即好了。秦穆公馬上招少年
為婿，稱為「蕭史」。從此，弄玉和蕭史天天在鳳樓上合奏，相互應和，夫妻
恩愛，如膠似漆。

一天夜裏，兩人正在皎潔的月光下合奏，一龍一鳳落於鳳臺上，蕭史便
把實情告訴弄玉：「我本是上界樂仙，因咱倆有緣，借簫聲作合，巧結夫妻，
現在龍鳳來接我們上天了。」

弄玉聽畢，忽感身體輕盈，蕭史乘龍，弄玉騎鳳，駕著祥雲雙雙冉冉升
空。「乘龍快婿」、「吹簫跨鳳」、「吹簫引鳳」的典故就是由此而來。

鳳凰作為婚姻的吉祥物，常與龍結合在一起，合稱「龍鳳」，特別得到
女子們的青睞。在結婚用品和女紅中，少女們都喜歡繡上龍鳳圖案，婚禮時
有「龍鳳花燭」，頭飾用「鳳釵」，鞋有「鳳頭鞋」，冠有「鳳冠」，被子、枕
頭、帳帷等也都繡有龍鳳的圖案。如「龍鳳呈祥」、「鳳麟呈祥」、「鳳戲牡
丹」、「雙鳳盤」等，這些都象徵大吉大喜，蘊含夫妻和美、相偕到老的意
思。

鳳為神鳥，本身含有豐富、多層的文化內涵。鳳凰曾作為聖德美質之人

的化身，如歷史上舜就曾作為鳳的化身，被喻為鳳鳥。春秋時大聖人孔子也曾被喻為鳳鳥。《論語‧微子》：「鳳兮鳳兮，何德之衰。」何晏注曰：「比孔子於鳳鳥。」邢昺疏：「知孔子有聖德，故比孔子於鳳。」

鳳又比喻優秀人才，故古人把人才薈萃的地方稱為「鳳穴」。庾信《謝滕王集序啟》云：「殿下雄才蓋代……鳳穴歌聲，鸞林舞曲。」唐代大詩人杜甫也有詩云：「鳳穴雛皆好，龍門客又新。」

鳳凰作為百鳥之王，得到眾鳥的愛戴和推崇。先民們把鳳凰作為圖騰來信仰，筆者認為，還更多地來自對它美德的崇敬。我們可以從鳳產生的民間傳說為證。

相傳很早很早以前，百鳥住在一個大森林裏，過著無憂無慮的生活。有一隻叫鳳凰的鳥，不像別的小鳥那樣整天吃飽了就玩，而是從早到晚採集食物收藏在山洞裏。

有一年遇大旱，百草不生，連樹上的葉子都烤焦了，百鳥沒有吃的，餓得奄奄一息。鳳凰打開山洞，把積存的食物分給了眾鳥，眾鳥才得救。百鳥為感謝鳳凰救命之恩，每隻鳥都獻出一根最漂亮的羽毛，織成一件五色豔麗的百鳥衣送給鳳凰。所以鳳凰成了最美的鳥。大家也都推它為鳥王。每年鳳凰生日那天，百鳥都來為它祝賀，這就是「百鳥朝鳳」的神話傳說。所以，鳳也成為高潔、神聖、崇高的象徵。古聖人老子就認為鳳有「仁、義、禮、信之德」。在我國民間因把鳳稱「鳳瑞」而崇信。

古代，鳳凰還一直作為皇權的象徵，成為皇家專用之物。如帝王之車稱「鳳車」、「鳳輦」，帝王的皇宮稱「鳳闕」，帝王繼位前舊居稱「鳳邸」，帝王用紙稱「鳳紙」，帝王親手所寫詔書為「鳳詔」，帝王命使臣出使稱「鳳舉」，

皇帝儀仗所用之蓋稱「鳳蓋」，皇太后進廟堂祭祀時作為禮服的冠飾稱「鳳冠」。皇后、皇妃所用之物都沾鳳氣。五代後唐馬縞《中華古今注・釵子》云：「皇以金銀作鳳頭，以玳瑁為腳，號曰鳳釵。」漢制，太皇太后、皇太后、皇后祭服之冠飾上均有鳳凰。

明以前，龍鳳作為性別的區分不太鮮明，但到了明、清，龍就專指男性，鳳專指女性了，並且等級森嚴。據《明史・輿服志》記：皇后的禮服，規定冠上有四鳳，平常服飾，冠上只有兩鳳。皇妃與皇太子妃一樣，禮服冠上為四鳳，平常的服飾冠上為鸞鳳，也都稱鳳冠。還規定九品以上官員的夫人也可戴鳳冠。

由於對鳳這一神鳥的信仰，到明、清時期，鳳的運用逐漸走向社會、走向民間，鳳的題材和樣式也不斷開始翻新，寓意更深刻，意蘊更豐富，又出現有「丹鳳朝陽」、「鳴鳳翠竹」、「彩鳳雙飛」、「龍飛鳳舞」等，鳳又呈現出首如錦雞，表示前程似錦；冠似如意，表示吉祥如意；喙如鸚鵡，表示鳴聲歡悅；身如鴛鴦，表示夫妻恩愛；翅如大鵬，表示理想遠大；足如仙鶴，表示健康長壽；羽如孔雀，表示幸福美滿；體呈五彩，表示生活多彩多樣的形貌特徵。此後，鳳的形象在人們的觀念和心理上更加光彩輝煌、婀娜多姿。鳳凰在中華民族文化中內涵更豐富厚重、博大精深。

靈鵲飛鳴報喜來

——喜鵲與婚育吉祥文化

　　喜鵲是鵲的俗稱。喜鵲又稱喜鳥、神女、陽鳥、幹鵲、靈鳥等。喜鵲是吉祥之鳥，象徵幸福和好運降臨，所以受到人們的喜愛。

　　喜鵲在中國吉祥文化上打下了許多鮮明的印跡。它那上體黑褐色，有紫色光澤，尾長，腹及翼下白色的身姿，均透著喜氣；它那明麗清亮「喳喳」鳴叫的報喜聲，均得到人們的喜歡。因為它的身影和它的叫聲為吉祥之兆，將有喜事降臨，故民間稱它為「喜鳥」。

　　關於喜鵲為什麼又稱「喜鳥」，在我國民間還有一個傳說故事。原來喜鵲身為黑色，叫黑鳥，生於萬木凋零、百卉枯萎的臘月。冬季唯獨蠟梅盛開，黑鳥就選在蠟梅樹上棲息。人們傳統上喜歡在臘月辦婚事，每當臘月人家辦婚嫁喜事時，黑鳥就飛到房前「喳喳」叫，好像是來慶賀。可是，婚嫁喜事大家喜歡紅色，而稱它「黑鳥」，人們認為有些不吉利，就取了「臘」字的半邊配上「鳥」字就成了「鵲」，並給它起了個吉祥的名字「喜鵲」。漸漸人們對喜鵲的讚揚聲就多了，喜鵲感到有些不好意思，就離開那低矮的蠟梅樹，飛到高樹上棲息。所以，有「巢鵲性本高」之說。《淮南子》記有：夫鵲先識歲之多風也，去高木而巢扶枝。當然，這是人們對喜鵲這種吉祥之鳥所杜撰的傳說，正反映了人們對喜鵲的喜愛。

　　民間還認為喜鵲是報喜的吉祥鳥，有感應預兆的本領，所以又稱「靈鳥」。五代王仁裕《開元天寶遺事·靈鵲報喜》云：「時人之家，聞鵲聲皆為喜兆，故謂靈鵲報喜。」民間諺語有：「喜鵲叫，喜來到。」「喜鵲喳喳叫，早

報喜，晚報財，晌午報，有客到。」「喜鵲叫，來報喜，不是有財就是有喜。」
所以人們出行或辦事遇到喜鵲叫，認為這是喜鵲來報喜，有吉兆，辦事順
利，萬事如意，好事將臨。

唐朝張在他編寫的《朝野僉載》一書中就記有這麼一則逸聞：貞觀時期
（627～649 年），南康郡（今江西贛州市）有個叫黎景逸的人，非常喜歡鳥
類。黎家門前大樹上有個鵲巢，他常用飯食來餵巢裏的鵲兒。時間長了，他
與鵲兒有了感情，這些喜鵲常常飛到他的窗臺上「喳喳」鳴叫，給他的生活
增添了很多情趣。

不久，發生了一件盜竊案，有人誣告是黎景逸幹的，他被關進了監獄。
由於查不出證據，官司便拖了下來。半年有餘，黎景逸非常痛苦。忽然一
天，他常餵養的鵲兒在獄窗外叫個不停。過了一會兒，獄卒傳來朝廷頒佈大
赦令，黎景逸被放了出來。所以，民間認為喜鵲有兆喜的本領。

滿族還稱喜鵲為「神鳥」，認為喜鵲是有神性的吉祥之鳥。相傳遠古時
代，一次洪水氾濫，大地荒蕪。因鵲居高枝，逃過洪難。但它們看到人間萬
物不存，生靈塗炭，極度悲傷，非常同情大家，便飛上天求告天神的三女兒
白雲格格投下青枝，拯救大地，使生靈萬物復蘇、繁衍。因此，滿族民間有
信仰崇拜喜鵲的風俗，人們絕對不允許傷害喜鵲，相傳，誰害喜鵲誰將遭厄
運和災難。

喜鵲古代又叫「神女」。晉崔豹《古今注》云：「鵲，一名神女。」元末
明初陶宗儀《說郛》中引《奚囊橘柚》載：袁伯文七月六日過高唐，遇雨宿
於山家。夜夢女子甚多，自稱神女。伯文欲留之，神女曰：「明日當為織女造
橋，違命之辱。」伯文驚覺，天已辨色，啟窗視之，有群鵲東飛。有一稍小

者從窗中飛去，是以名鵲為神女也。這裏喜鵲成為天上織女的天使，為牛郎織女七月七日相會，在銀河上造橋，故民間稱為「鵲橋」。宋陳元靚《歲時廣記》卷二六引《淮南子》云：「烏鵲填河成橋而渡織女。」東漢應劭《風俗通》云：

「織女七夕當渡河，使鵲為橋。」宋羅願《爾雅翼》亦載：「涉秋七日，（鵲）首無故皆髡。相傳以為是日河鼓（即牛郎星）與織女會於漢東，役烏鵲為梁以渡，故毛皆脫去。」

關於牛郎織女七夕相會、群鵲搭橋的美麗動人的傳說故事廣為流傳。相傳有一次，織女和眾姐妹到人間遊戲，在河中洗澡，孤兒牛郎養的老牛想成全牛郎的婚事，暗示牛郎拿走織女放在河邊的紅衣裳。牛郎照辦，便與織女結為夫妻，並生下一男一女。不料天帝得知此事，派王母娘娘押解織女迴天庭受罰，牛郎攜一對兒女追上天庭。當快追上時，王母娘娘拔下頭上的銀簪在身後劃出一條銀河，把牛郎隔在了河對岸。織女和牛郎、孩子隔河相哭，此情感動了喜鵲，喜鵲用身體搭成了一座鵲橋，讓二人相會。王母娘娘無奈，只好讓他們每年農曆七月七日在鵲橋相會一次。這一天，人間所有喜鵲都要到天上去為牛郎織女搭鵲橋。喜鵲又成為幸福的使者。後來人們把聯結溝通男女姻緣，謂之「搭鵲橋」。

喜鵲古代還稱為「陽鳥」，因性惡濕，晴則叫，又稱「幹鳥」。《易·卦》云：「鵲為陽鳥，先物而動，先事而應。」漢劉歆《西京雜記》載：「乾鵲噪而行人至，蜘蛛集而百事喜。」此外，喜鵲還知太歲星之所在，鵲巢的開口總是背著太歲星。還有鵲巢知風的俗信。《淮南子·繆稱訓》云：「鵲巢知風之所起。」這些都是說喜鵲有預兆感應的神性。不信，這裏還真有一則歷史

故事可說明這個問題。

　　相傳天寶十五載（756 年），李白因參加永王李璘的幕府而獲罪，被長期流放夜郎（今貴州省桐梓縣一帶）。李白流放夜郎途中經過白帝城時，忽聞喜鵲歡叫，此時恰巧天子赦書傳來，免其無罪，得以放還。李白欣喜若狂，立即寫下一首《鵲》詩：

> 五色雲間鵲，飛鳴天上來。
> 傳聞赦書至，卻放夜郎歸。

　　喜鵲兆喜果真靈驗，難怪人們稱其為「靈鳥」。但是也有一則詞話寫一位婦女嗔怨喜鵲報喜不靈的軼事。宋代一位婦女思夫心切，聽到喜鵲叫，高興無比，以為丈夫就要回來了。可是左等右等就是不見影子，於是就讓人把喜鵲捉住關在籠子裏，並寫了一首怨詩：

> 叵耐靈鵲多漫語，送喜何曾有憑據。
> 幾度飛來活捉取，鎖上金籠休共語。

　　有一位詩人聽了這位怨婦的詩，深感喜鵲冤枉，也為喜鵲回寫了一首詩：

> 比擬好心來報喜，誰知鎖我金籠裏。
> 欲他征夫早歸來，放卻我向青雲裏。

這位婦女也真是的，思夫心切，丈夫不歸，怎能怨喜鵲呢？

　　喜鵲是兆喜的吉祥鳥，象徵喜事降臨，幸福如意。所以民間婚慶喜事和新年時常用帶有喜鵲的剪紙、年畫等來表達對喜鵲的喜愛，也祈願喜鵲能給他們帶來好運、好事。民間常見的傳統喜鵲吉祥圖案有兩隻喜鵲相對的「雙喜圖」；有喜鵲蹲在桐（「桐」與「同」音同）樹枝上的「同喜」圖案；有喜鵲站在梅（取諧音「眉」）樹梢上的圖案「喜上眉梢」；有地下一隻獾（取諧音「歡」），天上飛只喜鵲的圖案「歡天喜地」；有喜鵲站在梅花枝上鳴叫的圖案「喜報平安」；有兩隻喜鵲面對面，中間一枚古錢（取諧音「前」）的圖案「喜在眼前」；

　　有梅樹和竹子間兩隻喜鵲對鳴的「竹梅雙喜」圖案；等等。這些圖案都是人們喜聞樂見的圖案，表達了人們對喜鵲的熱愛和對幸福美滿婚姻生活的追求和祈願。

鴻雁于飛意蘊長
——鴻雁與婚育吉祥文化

　　鴻雁是一種候鳥，民間把它作為一種吉祥鳥。古時，鴻與雁是有區別的，形體大的叫「鴻」，小一些的叫「雁」，後來合稱為「鴻雁」。《詩‧小雅‧鴻雁》云：「鴻雁於飛，肅肅其羽。」注云：「大曰鴻，小曰雁。」疏謂：「俱是水鳥，故連言之，其形，鴻大而雁小。」

　　鴻雁作為一種候鳥，知時節，記時間。每年秋分後飛往南方，次年春分

後北返。《禮・月令・孟冬》云：「東風解凍……鴻雁來。」注云：「雁自南方來，將北返而居。」

鴻雁作為人們喜愛的吉祥鳥，最大的特性是雌雄配偶不移，飛行有序。因此，又成為男女婚嫁的見面禮，賦予了較強的文化含義。舊時婚姻「六禮」中除「納徵」不用雁外，其餘五禮都必有雁，故稱為「奠雁」。

《儀禮・士昏禮》云：「昏禮，下達納採，用雁。」漢鄭玄注：「用雁為贄者，取其順陰陽往來。」清胡培翬《儀禮正義》亦云：　用雁者取其隨時南北，不失其節，明不奪女子之時也；又取飛成行，止成列，明嫁娶之禮，長幼有序，不相逾越也。鴻雁在婚姻禮俗中象徵男女雙方像鴻雁一樣忠貞不渝、夫婦好合、矢志不移。可見鴻雁在婚嫁禮儀中的重要作用。

後來，由於雁不易得，人們便以鵝或雞代替。華北、華中和中南等地漢族在迎娶新娘時，新郎抱鵝一隻，用紅色塗於鵝背，在花轎到女方家前送給新娘，此意為喪偶後不再另配，表達忠貞。在吉林、遼寧、黑龍江朝鮮族居住地，新郎迎新娘時，前面有一位手執木雁的引路者，稱為「雁夫」，此風俗稱「木雁禮」，象徵夫妻忠貞不渝。河北、山西、山東等地民間婚俗還有以雞代雁的，謂「長命雞」，取「雞」的諧音「吉」，男方家用一隻紅公雞，女方家用一隻母雞，意為雌雄匹配、夫妻忠貞。

鴻雁不僅在婚姻禮俗上含有豐富意蘊，而且在人們的生活中也富有深厚的文化內涵。古代，書信是人們傳遞信息和感情的重要工具，但由於交通不便，就以鴻雁來傳書，鴻雁又成為人們最好的信使。相傳，蘇武就是通過鴻雁傳書得救的。據《漢書・蘇武傳》記：漢武帝時，蘇武出使匈奴被拘禁，他威武不屈，被流放北海牧羊。後來匈奴與漢朝和親，漢武帝要求匈奴放回

蘇武，單於謊稱蘇武已死。蘇武把帛書係於雁足，告知自己的處境。漢武帝得知此訊，責問單於。單於無奈，放回蘇武。故古代又以鴻雁代書信，有「雁書」、「雁帛」、「雁足」等別稱。

　　鴻雁另一特徵是「飛成行，止成列」。鴻雁在飛行時大雁領頭，群雁順序排列，或排成「一」字，或排成「人」字，非常有序，古語稱為「雁字」、「雁序」、「雁行」、「鴻序」等。雁在飛行時為什麼一會兒排成「一」字，一會兒排成「人」字呢？說起來，這裏還有一個傳說故事呢。很早，大雁在天上飛的時候，是不排隊的。它們白天飛了一天很累，每到夜晚一停下就匆匆找地方睡覺。而老雁清楚：白天它們飛得高，打雁人打不著，多是在夜裏等到雁都沉睡後，乘它們不備來打。因此，雁群經常受害，所以，每到一地，老雁都要派個守夜巡視的雁。

　　有一天，老雁領著一家子飛了一天，來到一片草地。老雁派了一隻雁守夜，並反覆叮囑：「守夜時不能睡覺，如果發現有人，一定要立即拍翅高叫。」誰知這只雁守了一夜，天快亮了也沒有發現有人，便放鬆了警惕，鑽進草叢睡起覺來。恰巧幾個打雁人發現了正在草叢中睡覺的群雁，架起火槍，「嗵！嗵！嗵！」一陣槍聲。老雁警覺性較高，一聽見響聲，還沒來得及叫喊，一家子便都被打死了，只有它一個慌張飛走。

　　老雁飛走後，非常痛心，就把這件事告訴了所有的雁群。老雁為了告誡後代，不讓它們忘記這次慘痛的教訓，就讓雁群飛行時一會兒排成一個「人」字，一會兒排成一個「一」字，意思是說：只因一隻雁不小心，讓全家骨肉都被人打死。這個教訓多麼慘痛，多麼深刻啊！它也告訴了人們，任何情況下都不可放鬆警惕。

　　此後，雁提高了警覺性，每到一地休息時都加強防備。長期以來，形成了它們的特性和品德。明李時珍在《本草綱目》中說：「雁有四德：寒則自北而南上於衡陽，熱則自南而北歸於雁門，其信也；飛則有序而前鳴後和，其禮也；失偶不再配，其節也；夜則群宿而一奴巡警，其智也。」可以說，這段話是對雁的特徵、品性、德行的一個最好的總結和評價。也正由於這些美好的德性，雁才成為中國人民自古以來最喜愛的吉祥鳥。

<h2>鴛鴦相棲影不離</h2>

<h3>——鴛鴦與婚育吉祥文化</h3>

　　鴛鴦雙飛雙棲，形影不離，恩愛無比，得到人們廣泛的羨慕和讚美，故而把鴛鴦作為吉祥鳥，象征夫妻和諧美好、忠貞不渝。

　　鴛鴦是雌雄合稱，雄為鴛，雌為鴦，古時又稱「匹鳥」。晉崔豹《古今注》云：「鴛鴦，水鳥，鳧類。雌雄未曾相離，人得其一，則一者相思死，故謂之匹鳥也。」據傳鴛鴦形影不離，雙飛雙宿，雄左雌右，飛則同振翅，游則同戲水，棲則連翼，交頸而眠，如若失偶，不再另求。據《淮安府志》記：成化六年（1470年）十月，一個漁夫捉到一隻雄鴛，剖肚後放在鍋裏煮，那只雌鴛一直隨船悲鳴，不肯離去。當漁夫剛一打開鍋蓋，雌鴛也立即投入沸騰的湯鍋中，真乃赴湯蹈火，生死相隨。鴛鴦的這些特徵正與中國傳統的婚姻倫理文化相切合。

　　說起鴛鴦，民間還流傳著一則可歌可泣的動人故事。據傳，春秋時期，

晉國大夫洪輔告老還鄉，大興土木，開闢林苑。他從外地請來了一位花匠怨哥為其植花種草。第二年春天，怨哥正在種花，聽見蓮池裏有人喊「救命」。怨哥一看有人掉進蓮池裏，不顧一切，跳入蓮池救出落水的洪府小姐映妹。洪輔見此，不僅不感謝怨哥，反而誣陷怨哥調戲其女，還將怨哥痛打一頓下入大牢。夜裏，映妹來牢中探望怨哥，並將五彩寶衣給他穿上。洪輔得知此事，惱羞成怒，令人把怨哥身上的衣服剝下，還縛石把他推入池中。映妹聞知，痛不欲生，亦跳入蓮池。洪輔令人立即下去救撈，可怎麼也見不到映妹的屍體。第二天早晨，人們卻看到蓮池中出現兩隻奇異的鳥，雄鳥身上五彩繽紛，雌鳥毛色蒼褐，二鳥雙宿雙飛、恩愛無比。人們知道這是怨哥和映妹的精靈所化，就取「怨哥」和「映妹」名字中的「夗」和「央」加上「鳥」字，成為「鴛鴦」二字。由此，人間也就有了鴛鴦。

東晉文學家干寶的《搜神記》中也記有一件有關鴛鴦的故事：戰國末年，宋國的國王康王，暴虐荒淫，史稱「桀宋」。

他的門客韓憑娶了一個極為美麗的妻子何氏。康王看中何氏，先把韓憑定罪，再送進大牢，又把何氏擄去為妻。韓憑含恨自殺，他妻子何氏也欲殉情追隨。

有一天，康王攜何氏登上高臺觀景，何氏不顧一切奮然從高臺上跳下去，旁邊的人急忙去拉她，只拉住一個衣角，見上面寫著一行血書：「你康王不讓韓憑活著，我願意隨他而死，只求康王將我倆的屍骨合葬在一起。」

康王大怒，不僅不把兩人合葬，還故意在兩座墳之間修一條路，說：「你夫婦生前相愛，死後能使自己相合，我也不阻擋。」誰知，過了沒多久，兩墳上各長出一棵桂樹，兩樹根根相連於地下，枝枝相交於空中，宋國人稱這

兩棵樹為相思樹。樹上棲息一對鴛鴦鳥，早晚不離，兩頸相交，哀哀悲鳴。宋國人說：這對鴛鴦就是韓憑夫婦的精魂。

這個故事有些像梁山伯與祝英臺化蝶的故事，表達了人們的願望，歌頌了韓憑夫婦堅貞不渝的愛情，特別是讚頌了何氏不慕富貴、不畏強暴、機智勇敢、以身殉情的高貴品質，譴責了宋康王像夏桀一樣暴虐無恥。在《玉臺新詠》卷一○中收有《古絕句四首》（其四）詩云：

南山兩樹桂，上有雙鴛鴦。
千年長交頸，歡愛不相忘。

該詩就是記敘韓憑夫妻的精魂化為鴛鴦，廝守相愛，永不相忘，堅貞不渝的愛情故事。

這個故事很符合中國人幾千年的兩情相依、永不分離的愛情心理，表達了中國式的民族愛情觀。所以，鴛鴦也成了愛情的象徵，成為永不分離的恩愛鳥，成為兩相廝守的夫妻鳥，也成為中國人心目中的愛情吉祥鳥。

由於鴛鴦交頸比翼，形影不離，得到歷代詩人的讚詠，早在《詩經》中就有「鴛鴦於飛，畢之羅之」。漢司馬相如以琴挑逗卓文君的《鳳求凰》中云：「有豔淑女在閨房」，「何緣交頸為鴛鴦」。南朝徐陵還作有《鴛鴦賦》云：

特訝鴛鴦鳥，長情眞可念。
許處勝人多，何時肯相厭？
聞道鴛鴦一鳥名，教人如有逐春情。

不見臨邛卓家女，只爲琴中作許聲。

　　該賦意思是說卓文君聽了司馬相如的《鳳求凰》中的「鴛鴦」之名，而萌發春情，竟而私奔。唐代大詩人白居易《長恨歌》亦云：「鴛鴦瓦冷霜華重，翡翠衾寒誰與共？」

　　鴛鴦作為吉祥物，為人們所喜聞樂見，所以在許多表現男女婚姻的圖案中都有廣泛運用，如以鴛鴦為名的織繡品有鴛鴦被、鴛鴦襦、鴛鴦褥、鴛鴦履、鴛鴦綺等。鴛鴦衾是指繡有鴛鴦的被子，人們還以「鴛鴦被」代指夫婦共寢之被，又稱「合歡被」。《古詩十九首》云：「文采雙鴛鴦，裁為合歡被。」唐杜牧《為人題贈》詩有：「和簪拋鳳髻，將淚入鴛衾。」五代後唐馬縞《中華古今注》記：漢有繡鴛鴦履，昭帝令冬至日上舅姑。鴛鴦履是指繡有鴛鴦的鞋子，古時冬至亦有為舅姑送鞋、襪的風俗。在婚姻用品上如繡一對鴛鴦和蓮花或紫藤花的圖案稱「鴛鴦貴子」；有一對鴛鴦在荷花中顧盼戲遊的圖案為「鴛鴦紅荷」、「鴛鴦喜荷」等。這些圖案都有祝福夫妻和睦、同心相愛、相守偕老、美滿幸福之意。

燕燕雙飛令人羨
——燕子與婚育吉祥文化

　　春回大地，萬象更新，鶯歌燕舞，燕剪春風，好一派宜人的春光春色。作為春天的使者，燕子每年都最早向人們傳遞著春的信息，得到人們的喜愛

和讚美。

燕子古稱玄鳥、元鳥，又別稱天女、神女、朱鳥、烏衣、鷙鳥、遊波等。燕子體形嬌小，飛舞輕盈；尾似剪刀，形象俊俏；捕捉害蟲，與人友善；與春同來，象徵春光；燕燕雙飛，比擬情侶，很得人們的喜愛，所以成為人們心中的吉祥鳥。

燕子的品種很多，最常見的有家燕、金腰燕、白燕、紫燕等。白燕被人們視為神鳥。《太平御覽》引《京房易占》云：「見白燕，其君且得貴女。」故燕又稱「天女」、「神女」。燕子全身油黑髮亮，古代黑色泛稱「玄」，故燕子又稱「玄鳥」。《禮記・月令》云：「仲春之月，玄鳥至……仲秋之月，玄鳥歸。」漢鄭玄注：「玄鳥，燕也。」西晉崔豹《古今注》云：「燕一名天女，一名鷙鳥。」《詩・商頌・玄鳥》曰：

天命玄鳥，降而生商，宅殷土芒芒。
古帝命武湯，正域彼四方。
方命厥後，奄有九有。

該詩意為上天命令玄鳥降臨人間，因而生下商契，定居於廣大的殷地，治理本地和天下四方，擁有天下九州。《史記・殷本紀》也記有：殷契，母曰簡狄，有氏之女，為帝嚳次妃。三人行浴，見玄鳥墮其卵，簡狄取而吞之，因孕生契。這說明燕子乃殷商之先祖，是商族的圖騰崇拜物。

古時，鳳凰也曾稱「玄鳥」，燕子怎麼也稱「玄鳥」呢？這是由於它們都曾為太陽鳥的具象化的形象。鑒於燕子的這些名稱和契出生的神話傳說，

人們自然會視其為祥瑞、靈物、吉鳥。

百年好合燕子又稱情鳥，雙飛雙棲，「荷」與「合」同音同聲，此圖像征夫妻恩愛，和諧幸福。

燕子與鴛鴦一樣喜雙飛雙棲、恩愛情深，故人們多用來比喻和讚頌夫妻恩愛和諧、忠貞不渝。《詩·邶風·燕燕》有：

> 燕燕於飛，差池其羽。
> 之子于歸，遠送於野。
> 瞻望弗及，泣涕如雨。

該詩意為雙雙燕子展翅飛翔，為送君子到郊外。君子遠去漸漸看不見，唯有淚珠落如雨。該詩描寫了一對青年男女，男子要遠去，女子相送時看到雙雙飛翔的燕子，聯想到男子何時能歸，於是淚水如雨而下。詩人從燕雙飛聯想，寫出了男女永不願分離的深厚情感，非常感人。

燕子戀舊巢，秋來南去，春來北歸，不嫌貧，不移情，還有「情鳥」之稱。據《南史·張景仁傳》載：灞城王整之姊，嫁為衛敬瑜妻，年十六而敬瑜亡。父母舅姑咸欲嫁之，誓而不許，乃截耳置盤中為誓，乃止。所住戶有燕巢，常雙飛來去。後忽孤飛，女感其偏棲，乃以縷係腳為志。後歲，此燕果復更來，猶帶前縷。女復為詩曰：「昔年無偶去，今春猶獨歸。故人恩既重，不忍又復飛。」所以後世以「燕侶」來比喻夫妻恩愛、忠貞不移。歷代詩人們也為燕子的這種重感情的特性所感動，寫下大量詩詞來讚頌。唐代大詩人李白《雙燕離》詩云：

雙燕復雙燕，雙飛令人羨。

玉樓珠閣不獨棲，金窗繡戶長相見。

詩人以雙飛雙棲的燕子歌頌了生死不渝這一永恆的愛情主題。唐代詩人王維《春中田園作》詩云：

歸燕識故巢，舊人看新曆。

臨觴忽不禦，惆悵遠行客。

此詩寫燕戀舊巢，思戀遠行客。宋代詩人梅堯臣亦有《詠燕》詩云：

前村春社畢，今日燕飛來。

將補舊巢闕，不嫌貧屋歸。

該詩歌頌了燕子思念舊情、不嫌貧愛富的高尚情操。

燕子是情鳥，不僅自己恩愛無比，還能為情人傳遞書信，使有情人重逢。民間有這麼一個傳說：唐代長安城有個姓郭的人家有個女兒叫紹蘭，長得如花似玉，聰明賢淑，十六歲時嫁給商人任宗。任宗出外做生意，一去不歸，妻子郭紹蘭思念成病。有一天，她見房梁上一對燕子一會兒雙飛雙歸，一會兒呢喃私語，很是親熱。郭紹蘭觸景生情，長長地歎了口氣，自言自語地向燕子傾訴衷情。燕子好像聽懂了她的話，飛到她身邊，靜靜地看著她。紹蘭就用紙寫了一首詩：

> 我婿去重湖，臨窗泣血書。
> 殷情憑燕翼，寄與薄情夫。

　　然後把詩箋用絲線綁在燕子的腿上。誰想燕子真的在荆州找到了任宗，把信送到。任宗看了妻子信中的詩後，很是感動，料理完事情後，立即趕回家。

　　燕子在這裏又成了離別情人的信使，是聯結搭建感情的紐帶和橋樑。

　　人們喜愛燕子，也非常愛護燕子。古往今來，人們都視燕子為靈鳥、神鳥，絕對不允許傷害燕子。幾千年來，人、燕和諧相處，融為一體，情深意厚，已成為習俗，代代相傳。民間俗信燕體有毒，手觸會中毒。大人也經常教育小孩子不能傷害燕子，警告小孩子，如果用手指戳燕子手指會爛掉。民間還傳說，捕燕者易染癩瘡。

　　人們還視燕子為吉祥鳥，如燕子築巢於其簷下或房內，被認為是這家人友善，有吉兆臨門，是家道發達的象徵。所以南方很多人家蓋了新房，都在簷下或房內專門釘塊木板，引燕子入室築巢，稱為「燕賀」，表明人們對燕的尊重和禮遇。這不僅是一種習俗，更是一種人鳥共存的生態文明的昭示。據古籍載，有德之人死後，會有群燕飛來為其銜泥築墳。

　　民間有「杏林春燕」、「杏林雙燕」的紋圖，原有禳災除病之意，後又常用以祝頌科舉高中。是說明、清時期，每年二月正是杏花開放時節，進士科考。中舉者皇帝要賜宴，「宴」與「燕」諧音，故「杏林春燕」寓進士及第、官職陞遷之意。

　　後來，人們還用燕來形容人品端正，有王侯貴相，為「燕頷虎頸」。此

外，還有「河清海晏」圖，取荷花、海棠和飛燕的諧音，寓意國泰民安、天下太平。在國人的眼中，燕子已成為有吉兆的吉祥鳥。

在天願為比翼鳥
——比翼鳥、比目魚與婚育吉祥文化

比翼鳥是古代傳說中的鳥，古又稱鶼鶼、蠻蠻，一翼一目，兩鳥須並列合起來才能比翼而飛，不比不飛，永不分離。《爾雅・釋地》云：「南方有比翼鳥焉，不比不飛，其名謂之鶼鶼。」晉郭璞注：「似鳧，青赤色，一目一翼，相得乃飛。」《山海經・西次三經》曰：「有鳥焉，其狀如鳧，而一翼一目，相得乃飛，名曰蠻蠻。」《琅嬛記》引《博物志餘》講得更為詳細，「南方有比翼鳥，飛止飲啄，不相分離……死而復生，必在一處」。晉張華《博物志・異鳥》載：「（蠻）見則吉良，乘之壽千歲。」由此可見，比翼鳥是神話傳說中的神奇異鳥，見者吉祥。還傳說，有比翼鳥出現，說明當時帝王德高清明，所以民間把它作為吉祥鳥。

由於比翼鳥的「不比不飛」、永不分離的特徵，人們把它喻為恩愛和美的夫妻，故唐代大詩人白居易《長恨歌》有「在天願為比翼鳥，在地願為連理枝」的詩句。

此外，比翼鳥古時還用來象徵好友，更增添了其文化內涵。三國魏曹植有《送應氏》（其二）詩：

清時難屢得，嘉會不可常。

天地無終極，人命若朝霜。

願得展嬿婉，我友之朔方。

親昵並集送，置酒此河陽。

中饋豈獨薄，賓飲不盡觴。

愛至望苦深，豈不愧中腸。

山川阻且遠，別促會日長。

願爲比翼鳥，施翮起高翔。

　　該詩為曹植為送別好友應瑒北行而作。所以比翼鳥又寓情深意切的摯友，寓好友相諧、團結互助、比翼雙飛之意。

　　比目魚和比翼鳥一樣，為古代傳說中的一種魚。古代又稱「鰈」、「王餘」、「鱠殘」等。相傳比目魚也為一片一目，只有兩片相合，乃得以行，不比不行。《爾雅·釋地》：「東方有比目魚焉，不比不行，其名謂之鰈。」晉郭璞注曰：「狀似牛脾，鱗細，紫黑色，一眼，兩片相合，乃得行。」《文選·左思〈吳都賦〉》有：「雙則比目，片則王餘。」注云：「比目魚，東海所出；王餘魚，其身半也。俗云：越王鱠魚未盡，因以殘半棄水中，為魚，遂無其一面，故曰王餘也。」是說越王鱠魚時，把殘剩的另一半棄水中，魚又復活，只有一面，故稱「王餘」、「鱠殘」。魏徐幹有《室思》詩云：「故如比目魚，今隔如參長。」

　　關於比目魚還有一則神奇的傳說。據《古小說鉤沉》輯《玄中記》載：東城池中有王餘魚，有一次池水決堤，王餘魚因只有一目不能遊走，眼看水

快流幹，此時恰巧有人用鏡子照水中，魚見鏡中另一半，比目相合而去，得
以逃生。由此故事和比目魚的這些特性，杜甫寫有《比目》詩一首：

> 比目誠何恨，滄波作伴遊。
> 幸逃網罟厄，可免別離愁。

比翼鳥、比目魚都是遇合而飛成行。《呂氏春秋・遇合》云：「凡遇合也
時，不合，必待合而復行。故比翼之鳥死乎木，比目之魚死乎海。」所以，
民間把比翼鳥、比目魚作為男女婚姻的吉祥物，象征夫妻情深、難以分離。

美艷孔雀品性好
——孔雀與婚育吉祥文化

孔雀為雉科類飛禽，有白、藍、綠三色孔雀。白孔雀為瑞禽。《述異記》
云：南朝宋孝武帝五年（458 年），廣郡獻白孔雀以為中瑞。我國多產綠孔
雀，雄雀羽色絢爛豔麗，帶有金屬光澤，聲音清澈，頭有三毛以為冠，尾有
金翠，展開時形如錦屏，金碧輝煌。孔雀對尾羽十分珍愛，遇雨不展翅而
飛；遇芳景則展尾炫舞，十分美麗，逗人喜愛。俗傳孔雀開屏有時，為祥瑞
之象，故人們觀賞孔雀多喜見其開屏。中國音樂、繪畫等文化中均有孔雀開
屏，寓意吉祥太平。所以，自古以來孔雀被視為吉祥鳥、富貴鳥。

孔雀為美的化身，古時人多畜養，以供室玩，或裝點、美化生活，或作

貢品。據《太平御覽》引《嶺南異物志》載：交趾（今嶺南）人多養孔雀……
采其金翠毛裝為扇拂。用孔雀羽毛做成的扇子稱「孔雀扇」，既可作扇，又美
麗悅目。相傳孔雀毛羽上的金翠之色歷時不減，為吉祥的象徵。史載清代官
員以孔雀花翎為冠飾，有三眼、雙眼、單眼之分。清初隻賞給受朝廷特賜的
貴族大臣，後來賞戴多濫，但仍有五品以上官員才可飾單眼花翎。因此，飾
孔雀花翎成為官階、權勢的象徵。後世稱孔雀花翎插於瓶中為「翎頂輝煌」，
取官運亨通、加官晉爵、步步高升之意。傳統傢俱有「孔雀屏」，屏上彩繪孔
雀，因此得名。元張昱《醉題》詩云：「清宵酒壓楊花夢，細雨燈深孔雀屏。」
新婚洞房聯中也多寫：「屏中金孔雀，枕上玉鴛鴦。」這更平添了一層吉祥之
意。

　　孔雀不僅翎羽豔麗，而且很有品性。舊時人們稱孔雀和鴛鴦為文禽，具
有九德。據《增益經》云：一顏貌端正，二聲音清澈，三行步翔序，四知時
而行，五飲時知節，六常念知足，七不分散，八品端正，九知反覆。《逸周
書‧常訓》又贊孔雀有「九德」：「忠、信、敬、剛、柔、和、固、貞、順。」
《太平經》稱孔雀與雁之儀態，可為德行，因其「行則有儀，飛則有次，動不
失法」。因此，在古人看來，孔雀是一種具有大德、大賢品質的瑞鳥，是文明
之鳥，含有文明、文雅之意，是吉祥、文明、富貴的象徵。

　　孔雀還是愛情的使者，世間曾留下許多有關孔雀美麗動人的愛情故事。
漢末樂府詩《古詩為焦仲卿妻作》曰：「孔雀東南飛，五里一徘徊。」詩以孔
雀配偶間的眷戀，來比喻人間纏綿的愛情。

　　另《舊唐書‧竇後傳》載有一則「雀屏中選」的故事。是說唐高祖李淵
的妻子年輕時，父母以其才貌非凡，著意力求賢婿，遂於門屏畫兩隻孔雀，

言能射中孔雀目者，就將女兒嫁給他，數十個求婚者一個都沒有射中，唯獨李淵兩箭各中一目，巧結為姻緣，後世人多以「雀屏」來比喻婚姻天定，巧擇佳婿。

有關孔雀的愛情故事，最有名的還是孔雀公主與猛板加王子召樹屯巧結姻緣的故事。據傣族長篇史詩《召樹屯》所記：猛板加王子在金湖邊打獵時，巧遇孔雀公主飛來金湖洗浴。王子得神龍之助，竊得公主的孔雀衣，使其無法飛還，遂結為夫妻，生活得十分美滿。後來，孔雀王得知此事，甚為惱怒，便發兵征討猛板加，欲捉拿王子，要回孔雀公主。王子又求神龍幫助。孔雀王仍以武事徵之，王子均巧妙應對，最後雙方和戰，王子終於與孔雀公主成就美滿姻緣。

孔雀為中國最美的吉祥鳥，有著豐富的文化內涵。它是美的化身，是愛的象徵，是祥瑞的徵兆，故得到很多詩人雅士的贊詠。明代詩人胡儼就寫有一首《題孔雀圖》詩來讚美孔雀：

> 有鳥有鳥名孔雀，文采光華動揮霍。
> 修頸昂昂翠羽翹，大尾斑斑金錯落。
> 由來麗質產南方，丹山碧水多翱翔。
> 芭蕉花開風正軟，桄榔葉暗日初長。
> 忽聞都護啼一聲，山中百禽皆不鳴。
> 松篁引韻笙竽奏，顧影徘徊舞翅輕。
> 炎荒暑熱時多雨，尾重低垂飛不舉。
> 一朝籠養近簾幃，可憐猶妒美人衣……

詩人是在觀賞永嘉人謝環畫的孔雀圖後，讚歎不已，寫下了這首讚頌孔雀的詩歌，把孔雀的外形、鳴叫、開屏、舞蹈，以及孔雀的產地、孔雀被捉等，全面、完整地寫了下來，可以說是對孔雀的憂美贊唱。

凌波仙子靜中芳
——荷花與婚育吉祥文化

炎炎盛夏，荷花盛放，亭亭玉立，嬝娜多姿，縷縷清香，沁人心脾；田田荷葉，碧綠如蓋，似仙女舞裙，令人陶醉。或乘月色，或踏晨露，徜徉荷塘，定會心曠神怡，流連忘返。此時面對荷花你一定會隨口吟出宋代詩人楊萬裏的詩句：「接天蓮葉無窮碧，映日荷花別樣紅。」

荷花，又叫蓮花、芙蓉、水芙蓉、芙蕖、水芝、水丹、水旦、水蘭、水華、菡萏、澤芝等，屬多年生睡蓮科水生宿根植物，花開梗頂，有紅、粉紅和白色。

我國為荷花的原產地，歷史悠久，在我國浙江省餘姚和河南省的原始社會遺址中，都多次發現有五千年至七千年的古代蓮子，說明我國栽培荷花已有七千多年歷史。三千多年前的《詩經·鄭風》中就有「隰有荷華」、「彼澤之陂，有蒲菡萏」等詩句。

荷花得到人們的喜愛，主要是因為它具有高貴、純潔的品質。它「出淤泥而不染，濯清漣而不妖」，被人們讚譽為「花中君子」，美稱為「凌波仙子」，得到歷代文人墨客的贊詠。早在兩千多年前屈原的《離騷》中即有：

「制芰荷以為衣兮，集芙蓉以為裳。」用來表達自己的堅貞和清白。唐代大詩人李白則以其詩《折荷有贈》來表達愛情，詩云：

涉江玩秋水，愛此紅蕖鮮。
攀荷弄其珠，蕩漾不成圓。
佳人彩雲裏，欲贈隔遠天。
相思無因見，悵望涼風前。

南宋詩人范成大對荷花更是讚美有加，他的《州宅堂前荷花》詩云：

凌波仙子靜中芳，也帶酣紅學醉妝。
有意十分開曉露，無情一餉斂斜陽。
泥根玉雪元無染，風葉青蔥亦自香。
想得石湖花正好，接天雲錦畫船涼。

詩人把荷花美譽為凌波仙子，在悄悄地散發著芬芳，花苞紅撲撲的，像剛剛酣暢地喝了酒一樣。它早上有意在露珠下盛開，晚上在夕陽映照下收斂起花瓣。詩中接著又讚美它的根如玉似雪，不被污泥所染，荷葉青蔥，自身散放著清香。詩人最後聯想到家鄉石湖的荷花，也正在盛開，一眼望去，像雲錦一樣與天相連，坐在畫船上會感到陣陣涼爽。詩人寫荷花注入了深厚的感情，所以寫得情真意切。

寫荷花詩最多、最有名的當數宋代詩人楊萬裏。他對荷花特別喜愛，特

有感情，寫有詠荷花詩數十首。他的「小荷才露尖尖角」、「初見芙蕖第一花」、「接天蓮葉無窮碧，映日荷花別樣紅」等詩句均成為傳誦千古的名句。因讚美蓮花而寫《愛蓮說》的著名宋代理學家周敦頤，更是寫盡了蓮花高雅的氣質、憂美的形態和純潔的品格。他讚美荷花「出淤泥而不染，濯清漣而不妖」的名句，已成為人們追求高潔品質的標杆。

清代方婉儀以號「白蓮居士」為榮，甚至更改自己的生日，把農曆六月二十四日荷花的生日，定為自己的生日，並賦詩云：「淤泥不染清清水，我與荷花同生日。」由此可見人們對荷花的愛慕之深。

人們喜愛荷花，除了它的高貴品質和可供觀賞外，更重要的是它的實用價值也極高，可謂全身都是寶。蓮子除可供食用外，還可藥用，蓮子有清心、除燥、降血壓的功能。蓮花亦可入藥，搗爛可祛腫毒。蓮葉可清熱、解毒、止血，並可治療神經衰弱。其根莖藕用途更廣，藕可制藕粉，營養豐富，是很好的補品；藕作藥用可補中益氣；藕還可加工成很多美味佳餚。明李時珍《本草綱目》載：「醫家取為服食，百病可卻。」又曰：「根、莖、花、實幾品難同，清淨濟用，群美兼得。」由於荷花的這些功能和實用價值，所以，人們把荷花作為吉祥花。

荷花又稱蓮花，作為吉祥物具有更深的文化內涵，它與佛教有著千絲萬縷的聯繫。

為什麼蓮花與佛教有如此密切的聯繫呢？佛教認為蓮出污泥而不染，潔身自處，傲然獨立，這正與佛教所主張的處世人格相契合。佛教認為，現實世界是一片穢土污泥，有志者應努力修行，超凡脫俗，不受污染，達到清淨無礙的境界。由於蓮花的高潔品質正可以用來象徵佛教的這種教理，所以蓮

花成為佛教的吉祥寶物（即佛教傳說中的八寶：法螺、法輪、寶傘、白蓋、蓮花、寶瓶、雙魚、盤長）之一。蓮花由此作為聖潔的象徵，成為聖潔之花。因此在佛教信徒心目中，佛即蓮，蓮即佛。由於蓮花在佛教上的這種神聖意義，所以稱其宗為「蓮宗」。我國佛寺廟中的三世佛（即迦葉、釋迦牟尼、彌勒）及菩薩大都足踏蓮花座，菩薩則手持蓮花。在佛教的建築和藝術品中幾乎到處可以看到蓮花圖案。在佛教典籍中，也常用蓮花來象徵佛性。《妙法蓮花經》（即《法華經》）就是以蓮花喻佛，象徵教義的純潔高雅而得名。《雜寶藏經》中所載的「蓮花夫人」的故事，說的就是雪山仙人的女兒，端正殊妙，步步生蓮花，被國王發現後納為王妃，稱為「蓮花夫人」，後來生的五百個兒子都是大力士。在《阿彌陀經》、《無量清淨塵經》等許多佛教經典中，也都有關於蓮花的記載。此外，在佛教中，「蓮花界」代稱「佛寺」，「蓮花衣」代指「袈裟」，佛像稱為「蓮像」，佛龕稱為「蓮龕」，蓮花幾乎成為佛教的代稱。蓮花也成為一種祥瑞，用來象徵佛性。自佛教傳入中國，荷花在人們心目中的地位又有了進一步的提升，成為人們心中的吉祥之花、聖潔之花。

荷花作為吉祥花，還是純潔愛情的象徵。我國栽植荷花地域極廣，南方水鄉基本上到處都有種植，尤其像洞庭湖、西子湖、珠江三角洲都是著名的荷鄉。民間每逢農曆六月二十四日荷花生日時，處處畫船簫鼓，賞花祝壽，採蓮傳情，成為水鄉一道歡樂、祥和、喜慶的獨特風景線。早在古樂府《江南》詩中就有記敘江南採蓮時，少女們拋蓮求愛的場景。最典型的是唐皇甫松的《採蓮子》詩：

船動湖光灩灩秋，貪看年少信船流。

無端隔水拋蓮子，遙被人知半日羞。

　　該詩活畫出一幅江南水鄉美麗動人的採蓮女拋蓮求愛的畫面。你看，在湖光灩灩的蓮花叢中，採蓮女在悄悄偷看遊船上的少年，並向遊船上拋蓮子求愛，因被遠處人看見，害羞半天。詩中對採蓮女的心理描寫十分細膩真實，情景交融，是一首精彩的情詩。

　　除此之外，人們還常以藕斷絲連來比喻夫妻情意綿綿，情深意切。唐孟郊即有詩云：「妾心藕中絲，雖斷猶連牽。」舊時，還用「因何（音同「荷」）得偶（音同「藕」）」來作為祝賀新婚和姻緣美滿的吉語，並繪有荷花、蓮蓬及藕組成的紋圖。因蓮根為藕，明李時珍《本草綱目》云：「夫藕生卑污，而潔白自若。質柔而穿堅，居下而有節。孔竅玲瓏，絲綸內隱。生於嫩蒻，而發為莖、葉、花、實，又復生芽，以續生生之脈。四時可食，令人心歡，可謂靈根矣。」因此，蓮藕除寓夫婦之偶，以及子孫不息之意外，還是聰明伶俐的象徵。如舊時就有把蓮藕與蔥、菱角、荔枝組合一起的紋圖為「聰明伶俐」。還有兩朵蓮花生於一藕的紋圖稱為「並蒂同心」，為夫妻好合、恩愛情深的象徵。在喜聯中就常以此入對，如：「比翼鳥永棲常青樹，並蒂花久開和諧家。」

　　荷花成為人們喜愛的吉祥之花，人們還利用「蓮」的諧音，繪蓮花與蓮子（即蓮蓬）的紋圖，為「連生貴子」圖。此外，還有繪蓮花叢生的紋圖，為「本固枝榮」圖，以示世代綿延，家道昌盛。還有繪一枝蓮花的「一品清廉」圖，取「蓮」與「廉」同音，象徵為官清廉高潔。由於蓮具有美好深邃

的文化內涵，所以，很多事物都與荷花聯繫上，以求吉祥如意，以喻品性高
雅。

紅豆紅葉寄相思
——紅豆、紅葉與婚育吉祥文化

紅豆又名「相思子」，為紅豆樹的果實。《花鏡》云：紅豆樹出嶺南，枝
葉似槐，而材可作琵琶槽。結實似皂角，來春三月，則莢枯子老，內生小
豆，鮮紅堅實，永久不壞。紅豆形似豌豆，微扁，顏色有鮮紅和半紅半黑兩
種。唐李匡《資暇錄》云：「豆有圓而紅，其首烏者，舉世呼為相思子，即紅
豆之異名也。」

明李時珍《本草綱目》也記有：「相思子生嶺南，樹高丈餘，白色。其
葉似槐，其花似皂莢，其莢似扁豆，其子大如小豆，半截紅色，半截黑色，
彼人以見嵌首飾。」陳淏子《秘傳花鏡》載：紅豆樹出嶺南，枝葉似槐，而
材可作琵琶槽。秋間發花，一穗十蕊，累累下垂，其色豔如桃杏，結實似細
皂角。來春三月，則莢枯子老，內生小豆，鮮紅堅實，永久不壞。市人取嵌
骰子，或貯銀囊，俗皆用以為吉利之物。自古以來，紅豆即成為純潔、永恆
愛情的象徵，受到情人們的喜愛，成為相思的吉祥物。

關於紅豆和紅豆樹的來歷，在中國文化史上還有一段哀怨而感人的傳說
故事。南朝梁任昉《述異記》載：昔戰國時，魏國苦秦之難。有民從徵，戍
秦不返，其妻思而卒之。既葬，冢上生木，枝葉皆向夫所在而傾，因謂之相

思木。相思樹為思婦的怨魂所化，其所結之子，相傳為思婦的血淚所染而成紅色，故稱「紅豆」，又名「相思豆」。左思《吳都賦》亦云：「楠楠之木，相思之樹。」李善注：「相思，大樹也⋯⋯其實如珊瑚，歷年不變。」為什麼其子又稱「相思子」呢？李頎《古今詩話》云：「相思子圓而紅。昔有人歿於邊，其妻思之，哭於樹下而卒，因以名之。」李時珍在《本草綱目》中亦說：「按《古今詩話》云：相思子圓而紅。故老言：昔有人歿於邊，其妻思之，哭於樹下而卒，因以名之。」屈大均的《廣東新語》也說：相傳有女子望其夫於樹下，淚落染樹結為子，遂以名樹雲。這幾處講的都是女子因思念丈夫而死後化為相思樹和紅豆的。這裏紅豆即人，人即紅豆。

紅豆為情物，自古以來，曾撥動著多少詩人詞客的情弦，留下諸多寄託相思之情的詩詞。最著名的當數唐代詩人王維的五絕《相思》：

> 紅豆生南國，春來發幾枝。
> 願君多采擷，此物最相思。

此詩纏綿婉轉，託意深邃，表達出詩人深深的懷念之情。

紅豆作為吉祥物，不能食用，僅供珍玩，或作紀念物的鑲嵌品，或用來「嵌骰子」，或用作女性的首飾。紅豆作為愛情和相思的象徵物，一直受到淑女們的喜歡和珍重。最珍貴的莫過於用紅豆鑲嵌的「紅豆戒指」，唐代以來，即作為愛情的信物，贈給自己最傾愛、最心儀的情人，用來表達傾慕相思之情和寓意愛情純潔永恆。20世紀30年代，熱戀中的男女青年就常以互贈紅豆為時尚。隨著我國的繁榮富強，現在旅居海外的僑胞回國後也常帶回去幾粒

紅豆珍藏，以寄託對祖國親人的思戀和對祖國的熱愛。這些更加豐富了紅豆的深厚文化內涵。

紅葉與紅豆一樣，也是民間婚姻的吉祥物和愛情的信物。

紅葉作為吉祥物，首先在於它的顏色鮮紅。中國人崇尚紅，紅色象徵喜慶，民間認為還可避邪。每到秋天滿山紅葉，層林盡染，燦若紅霞，煞是好看。

紅葉是楓樹的葉子經霜而染，流丹瀉火。相傳紅葉是黃帝與蚩尤在涿鹿大戰時，蚩尤戰敗，所禁蚩尤的桎梏流下的鮮血染紅了樹葉。《山海經・大荒南經》載：「有木生山上，名曰楓木。楓木，蚩尤所棄其桎梏，是為楓木。」唐王瓘《軒轅本紀》亦記：黃帝殺蚩尤於黎山之丘，擲械於荒山之上，後化為楓木之林。

紅葉在秋季萬木凋零之時，色紅如血，紅紅火火，一片生機。因此吸引許多詩人墨客為此賦詩填詞，或抒情，或言志，或繪景，均給人以大美、大吉的感受。唐代詩人李益有「楓葉翻紅霜景秋，碧天如水倚紅樓」。寫紅葉最有名的要數唐代詩人杜牧的《山行》詩：

遠上寒山石徑斜，白雲生處有人家。
停車坐愛楓林晚，霜葉紅於二月花。

詩人以明快豪爽的心情，清麗動人的筆調，為人們描繪出一幅幅夕陽晚照、楓葉如火的秋景圖，透露出一種豪爽向上的情懷，成為千古佳句。

紅葉還象徵美好姻緣和愛情如意。我國古代有不少紅葉與愛情姻緣的生

動有趣的故事。「紅葉題詩」、「紅葉為媒」便是廣為流傳、膾炙人口的愛情
故事。據劉斧《青瑣高議·流紅記》載：唐僖宗時，一個名叫於祐的書生，
一天在皇宮御溝中見一片紅葉順水而流，他拾起一看，上面寫有一首五絕：

> 流水何太急，深宮盡日閒。
>
> 殷勤謝紅葉，好去到人間。

於祐看了詩，深為宮女的淒清、幽怨之情所動，也在紅葉上寫了兩句：
「曾聞葉上題紅怨，葉上題詩寄阿誰？」放在御溝的上游流入宮中。宮女韓氏
得到於祐的題詩，又作詩一首題於紅葉上。這樣紅葉傳詩，經過了十年周
折，兩人建立了深厚感情。

後來，皇帝下詔，放出三千宮女，讓她們去自擇嫁人。於祐與韓氏終於
相見，各自出示　紅葉為證，巧結連理。兩人欣喜萬分，又在紅葉上題詩一
首：

> 一聯佳句隨流水，十載相思滿素懷。
>
> 今日雙雙成鸞鳳，始知紅葉是良媒。

後來，「紅葉題詩」傳為佳話，遂以紅葉代指姻緣巧合、兩情相悅的男
女愛情。紅葉不僅成為愛情的信物，還作為美好姻緣和希望的象徵成為吉祥
物。

彩蝶雙雙情之魂

——蝴蝶與婚育吉祥文化

蝴蝶是一種普通的昆蟲，種類繁多，我國約有1300種。我國雲南蝴蝶最多，素有「蝴蝶王國」之稱。其次是臺灣、四川、海南等地。明李時珍《本草綱目》云：「蛺蝶輕薄，夾翅而飛，然也。蝶美於須，

蛾美於眉，故又名蝴蝶。俗謂須為胡也。」蝴蝶作為吉祥物，在我國文化史上有著豐厚的蘊涵。

蝴蝶是美的化身，因兩翅色彩斑斕，人們又稱它為「彩蝶」。

彩蝶為什麼如此美麗呢？據《羅浮舊志》載：羅浮山有蝴蝶洞，在雲峰岩下，古木叢生，四時出彩蝶，世傳為葛仙遺衣所化。《杜陽雜編》上亦載，蝴蝶為金玉所變。穆宗皇帝殿前種千葉牡丹，花始開，香氣襲人。一朵千瓣，大而紅，宮中每夜即有黃白蛺蝶萬數，飛集於花間，輝光照耀，達曉方去。宮人競以羅巾撲之，無有獲者，上令張羅於空中，遂得數白，於殿內縱橫嬪御追逐以為娛樂。遲明視之，則皆金玉也。當然，這些都是人們神思飛揚而編織出來的美好故事。其實，蝴蝶之美，是因蝴蝶翅翼上覆綴有無數微小的五光十色的色素鱗片，在陽光的照耀下，呈現出色彩繽紛、光彩熠熠的金屬光澤。

陽春三月，百花盛開，彩蝶飛舞，成雙成對，自古被視為良辰美景，夫婦好合的象徵，使人愛之、歌之、詠之、歎之，從而演化出很多美麗動人的傳說故事。最著名的要數「莊周夢蝶」、「梁祝化蝶」、「韓妻化蝶」等與蝶有

關的故事。《莊子・齊物論》載：昔者莊周夢為蝴蝶，栩栩然蝴蝶也，自喻適
志與！不知周也。俄然覺，則蘧蘧然周也。不知周之夢為蝴蝶與，蝴蝶之夢
為周與？周與蝴蝶，則必有分矣，此之謂物化。所以，後世多用「夢蝶」、
「蝶夢」、「夢化」、「蝴蝶夢」來比喻人生的虛幻夢境。真的不知莊生是蝴蝶，
還是蝴蝶是莊生？

　　關於中國民間四大傳說之一的「梁祝化蝶」的故事更是婦孺皆知。故事
是說梁山伯的父親梁員外早死，18 歲的梁山伯告別母親到杭州去讀書。在路
上巧遇女扮男裝也去杭州讀書的祝英臺，二人結拜為兄弟，同在杭州一家私
塾讀書。同窗三年，山伯始終不知英臺是女子。後來英臺把自己女扮男裝的
事告訴師娘後告辭回家。山伯送英臺回家的路上，英臺欲表明自己是個女
子，以及對山伯的愛慕之情。但山伯不悟，英臺只好說她家有個小九妹，面
貌、性情與她一樣，尚未訂婚，叫他去求親。

　　英臺從杭州讀書回家後，一個姓馬的財主替兒子向英臺父母求婚，英臺
父母答應了這門婚事。英臺得知後郁郁不樂。

　　自英臺走後，梁山伯日日思念英臺。師母便把實情告訴了山伯。山伯立
即趕往英臺家。可是已經遲了，英臺已許與馬家。

　　兩人相見述及此事，都十分悲傷。山伯一回到家就病倒了。不久，因思
念英臺病重而死。

　　英臺聞知山伯的死訊，更加悲鬱。但馬家接親的花轎已來到門前。英臺
要求花轎先抬到山伯墓前，然後再去馬家。馬家無奈，只好先把花轎抬到山
伯的墓地。

　　英臺到了墓地，慟哭欲絕，墳墓突然裂開，英臺迅速投入墓中。一會

兒，從墳墓裏飛出兩隻彩蝶，雙雙飛上天空。後來，人們便以彩蝶雙飛比喻夫婦好合、情深意長。

還有一則「韓妻化蝶」的故事也很感人。傳說宋康王舍人韓憑的妻子長得很美，宋康王欲奪為妃。韓憑不從，憤而自殺。韓憑妻被康王奪去後，一次康王與韓憑妻登高臺賞景，她縱身跳下，別人急拉，結果只扯掉裙子的一角，化為蝴蝶飛走。後來以「韓妻化蝶」比喻堅貞純潔的愛情。但也有韓妻與韓憑化為鴛鴦之說。

翩翩飛舞的彩蝶加上悲情的故事傳說，曾引起許多詩人雅士歌之、頌之。唐代詩人林逋就有一首《詠蝶》詩：

> 細眉雙聳敵秋毫，荏苒芳園日幾遭。
> 清宿露花應自得，暖風和絮欲爭高。
> 情人歿久魂猶在，傲吏齊來夢亦勞。
> 閒掩遺編苦堪恨，不並香草入離騷。

這是一首精緻的詠蝶詩，詩中寫出了蝴蝶的形態和神韻，更寫出了韓憑夫婦的魂魄化為蝴蝶仍在比翼雙飛。當年傲吏莊子的蝴蝶夢讓人費思猜度，閱讀屈原的《離騷》使人感到失望，為什麼寫了那麼多香草，而沒有提到蝴蝶。詩人既欣賞蝴蝶戀花的嬌美，更欣賞它是由情人之魂所化，而發出由衷的讚歎。

蝶性戀花，春花盛開，彩蝶飛舞，良辰美景，這也正像徵了夫婦和美、恩愛相偕。宋代大詩人歐陽修的一首《望江南・江南蝶》詞把蝴蝶的性情都

寫了出來，更有情趣：

江南蝶，斜日一雙雙。身似何郎全傳粉，心如韓壽愛偷香。天賦與輕狂。
微雨後，薄翅膩煙光。才伴遊蜂來小院，又隨飛絮過東牆。長是為花忙。

這首小詞寫江南的蝴蝶雙雙對對，飛來飛去，盡情享受著愛情和生命的
歡樂。它們的身軀像敷了脂粉那麼漂亮。微雨過後，薄翅上像塗上了煙光，
剛剛還在伴小蜂遊玩，一會兒，又隨飛絮飛過東牆，一天到晚為花奔忙。該
詩情趣盎然，意味深長，把蝴蝶寫到了極致。難怪世間人們喜用蝴蝶比喻愛
情，作為婚姻的吉祥物。

俗撒五穀祈吉祥
——五穀與婚育吉祥文化

五穀在古代是農作物果實的總稱。《說文解字》云：「穀，續也，百穀總
名。」古代豆子也屬谷類。《格物總論》中說：「九穀者，稷、秫、黍、稻、
麻、大小豆、大小麥是也。」看來五穀不是實指，是農作物的總稱。所以五
穀成為人們心中的吉祥物，「五穀豐登」成為人們用來祈祝豐年的流行吉祥用
語。

由於五穀是人們生活、生存的必需食物，所以古人把五穀比為珍寶，並
奉為神靈，創造出谷神。因為只有五穀豐收，人們才可以衣食無憂、國富民

強、國泰民安、政治昌明、生活幸福。所以，五穀成為最重要的吉祥物。《淵鑒類函》引杜甫《策》云：「穀者，百姓之本。百役皆出。」又引范蠡《計然》曰：「五穀者，萬民之命，國之重寶也。」古人還把五穀稱為「嘉穀」，作良藥來醫病。《周禮》有：「疾，醫以五味、五穀、五藥養其病。」由此可見，五穀是人們的生命之本，所以在人們的心目中五穀成為神聖之物，同時也成為人們心目中的吉祥物。在年節時，人們總要敬奉和祭祀穀神，以祈五穀豐收。

五穀為吉祥物、神物，自然與婚姻和生育這一人生大事聯繫在一起。另外，穀為種子，繁殖生長力極強，所以用五穀象徵繁衍子嗣、百代不絕。舊時婚俗中有撒穀豆的風俗，不僅有避邪吉祥之意，也深含有祝福祈子之意。正如在撒穀豆時撒豆者所唱：

一撒穀，二撒豆，三撒新媳婦下了轎。

一撒金，二撒銀，三撒新媳婦進了門。

新媳婦，好腳手，走路好像風擺柳。

今年娶，明年抓，生個胖娃叫大大（即爸爸）。

撒穀豆是為「生個胖娃娃」，明確有生育祝子之意。

撒穀豆還是一種求吉祥、避邪魔的儀式，與婚育民俗聯繫了起來。撒穀豆是在新娘上轎前，女方請一位子女雙全的老太太，把穀子和豆子撒在花轎四周、女方的家裏家外和新娘周圍。當迎親的轎子到男方家後，也同樣在新娘下轎進男方家門和入洞房時撒穀豆。

　　婚禮上為什麼要撒谷豆呢？據宋高承《事物紀原》載，婚禮時撒谷豆的習俗是從漢代開始的。清趙翼《陔餘叢考》中引《知新錄》所載：相傳西漢有個叫京房的陰陽家和翼奉兩家的子女訂下婚約。翼奉選定了日子讓兒子結婚，可是京房認為這天不吉利，說這天三煞（即青羊、烏雞、青牛三神）要附門上，會有損害長輩、婚後無子的災難。而翼奉說他有辦法破除，以谷豆撒之可避三煞，堅持要在這一天為兒子迎娶新娘。在兒子的婚禮上他便用撒谷豆的辦法來避邪，果然吉祥無事。此後，婚禮時撒谷豆的習俗便流傳開來。

　　到了宋代，婚禮時撒谷豆的習俗廣泛流傳。宋吳自牧《夢粱錄》載：「迎至男方家門首，時辰將正，樂官伎女及茶酒等人，互念詩詞攔門。求利市錢紅，克擇官執花盛五穀、豆、錢、彩果，望門而撒，小兒爭拾之，謂之『撒谷豆』，以壓青陽煞耳。」宋孟元老《東京夢華錄》也記有：「新婦下車子，有陰陽人執鬥，內盛谷、豆、錢、果、草節等，咒祝望門而撒，小兒輩爭拾之，謂之『撒谷豆』，俗雲壓青羊等煞神也。」舊時，撒谷豆的老太太還邊撒邊唱：

一撒如花似錦，二撒金玉滿堂，

三撒咸亨慶會，四撒華閣蘭堂，

五撒夫命富貴，六撒永元吉昌，

七撒安康祖壽，八撒子孫興旺，

九撒凶神遠避，十撒福祿禎祥。

　　隨著朝代的更替和地域風俗不同，有的地方變為撒草，也有把谷豆和草一起撒的。撒草是把谷物的莖稈切成小段，代替谷豆，其意義是相同的。還有的地方用撒米、撒麥麩等來代替撒谷豆。一邊把五穀撒向新娘頭上身上，一邊唱：「一撒麩，二撒料，三撒新媳婦頭身上，生個胖小子像爹娘。」

　　在婚禮上為什麼說撒谷豆和草料可以避邪呢？按民間傳說，谷豆、草料是牛、羊、雞的飼料，婚禮上撒這些以飼三煞，讓青牛、青羊、烏雞三神飽食，以免它們來危害人類。當然，這種說法是先民們對神的信仰，為避害而作的解釋，沒有多大意義。但是，真正的文化含義是人們對五穀的崇奉和拜謝，因為有五穀的豐收，才有天下太平、國泰民安，政治昌明、生活幸福。五穀確為萬民之命，國之重寶。後來，由於撒谷豆為浪費糧食行為，今天除少數地區仍沿襲外，很多地方已改為撒花瓣和撒彩紙，這樣更喜慶、多彩。

棗栗深寓生貴子
——棗、栗、花生、桂圓、蓮子等與婚育吉祥文化

　　棗、栗、花生、桂圓等乾果也與婚育民俗有著密切關係，是祝福新婚夫婦撒帳時所用的吉祥物。

　　撒帳是新郎、新娘入洞房後，撒帳人向婚床上帳內拋撒棗、栗、花生、桂圓、蓮子等乾果。並一邊撒，一邊唱著祝福歌，祝福新郎、新娘婚姻美滿幸福、早生貴子、白頭偕老、榮華富貴。據宋孟元老《東京夢華錄》講：「至家廟前參拜畢，女復倒行扶入房講拜，男女各爭先後，對拜畢就床，女向

左、男向右坐，婦女以金錢、彩果散擲，謂之『撒帳』。」孟元老所講的就是宋代撒帳的經過和情形。

撒帳之俗源於撒穀豆，但又有區別。從寓意上來看，撒穀豆是為避邪、祝子的，而撒帳是為祝子和增添歡樂氣氛的；從所撒用物來看，撒穀豆是撒農作物的果實，撒帳是撒棗子、花生、栗子、桂圓等乾果；從對象上來看，撒穀豆主要是圍繞新娘來進行的，多撒在新娘身上或周圍地上，而撒帳是撒在帳子內的婚床上。

撒帳婚俗也起源於漢代。據《事物原始》載：李夫人初至，帝迎入帳中共坐，歡飲之後，宮人遙撒五色同心花果，帝與夫人以衣裙盛之，雲得果多，得子多也。這段話的意思是說漢武帝與李夫人成親時，漢武帝將李夫人迎入大帳內坐下，在共飲交杯酒後，事先告訴宮女遙撒五色同心果（即棗、栗、花生、蓮子等），漢武帝與李夫人用衣裙盛著，據說，得果多就可以多得子。

到了宋代，撒帳婚俗比較廣泛流傳，宋吳自牧《夢粱錄》云：「行參諸親之禮畢，女復倒行，執同心結，牽新郎回房，講交拜禮；再坐床，禮官以金銀盤盛金銀錢、彩錢、雜果撒帳。」到了明代，撒帳婚俗更加流行，並邊撒帳邊唱《撒帳歌》，反映出撒帳對新婚夫婦的早生貴子的多種祝福。如明朝《清平山堂話本》中的《快嘴李翠蓮記》裏就有一首《撒帳歌》，是由撒帳人邊撒帳邊唱的，從中可以看出當時撒帳婚俗之一瞥：

撒帳東，簾幕深閨燭影紅，佳氣鬱蔥長不散，畫堂日日是春風。
撒帳西，錦帶流蘇四角垂，揭開便見姮娥面，輸卻仙郎捉帶枝。

撒帳南，好合情懷樂且耽，涼月好風庭戶爽，雙雙繡帶佩宜男。

撒帳北，津津一點眉間色，芙蓉帳暖度春宵，月娥苦邀蟾宮客。

撒帳上，交頸鴛鴦成雙雙，從今好夢葉維熊，行見玭珠來入掌。

撒帳中，一雙月裏玉芙蓉，恍若今宵遇神女，紅雲簇擁下巫峰。

撒帳下，見說黃金光照社，今宵吉夢便相隨，來歲生男定聲價。

撒帳前，沉沉非霧亦非煙，香裏金虬相隱快，文簫今遇彩鸞仙。

撒帳後，夫婦和諧長相守，從來夫唱婦相隨，莫作河東獅子吼。

　　這首《撒帳歌》從所撒的方向東、南、西、北，位置上、中、下、前、後，描述了當時洞房的情景和風俗。你看：閨燭影紅，流蘇四香，佳氣濃鬱，堂內春風。新郎揭開新娘的蓋頭，方見姮娥（此用來美稱新娘）。雙方佩戴宜男（萱草），芙蓉帳內，鴛鴦交頸，共度春宵，吉夢相隨，並祝夫婦和諧，白頭相守，夫唱婦隨，和和美美，來歲生男……多美啊！此歌可以說集婚育美語、祝福詞之大成，寫盡了婚房美景、良辰溫情。

　　《撒帳歌》自清代以降，仍有遺存，所撒之物仍以乾果為主，其意也仍以祈子為目的。後來，在不少地方撒帳逐漸成為一種娛樂、喜慶活動。撒帳人不僅把棗、栗等果子撒於床上，也撒於屋內其它地方，故意讓婦女、兒童搶拾，來增加熱鬧、歡樂的氣氛。清同治十三年（1874年）《安吉縣志》載：「樂人於房中撒擲諸果，曰『撒帳』，兒童婦女爭拾取為笑樂。」現在，在北方民間婚俗中，仍常撒紅棗、花生、核桃等，撒帳者會邊撒邊高唱祝詞：「棗兒滿炕紅，生子是英雄；核桃滿炕滾，生女是姣娘。」「雙雙核桃雙雙棗，生兒聰明生女巧；雙棗兒又雙核桃，兒子拔萃女窈窕。」這些唱詞均有祝願新

婚夫婦「早生貴子」、「兒女雙全」的意思。

棗、栗、桂圓、蓮子等均為撒帳時所用的吉祥物。為什麼取這些果實作吉祥物呢？根據吉祥物生成原因，這些物品的諧音與婚姻有吉祥之意。另外，這些物品均有營養豐富，對人體健康有好處等特點。棗，富含各類維生素，還可入藥，有健脾疏經、補中益氣等功效。《千金要方》載：「大棗久服，長生不饑。」《本草綱目》亦載：「棗安中，養脾氣，平胃氣，通九竅，助十二經。補少氣，少津液，身中不足。久服輕身延年。」因此，棗在古代又稱「仙人之果」。

栗子與棗一樣，營養豐富，既可供食用，也可作藥用。古人把棗與栗合在一起，取其諧音，有祈「早生子」之意。所以，婚禮和生孩子時，棗和栗是撒帳和饋贈的必備吉祥物。吉祥圖案就把棗和栗子畫於一起，取諧音有「早立子」的紋圖。江南有些地方在撒帳時還有用荔枝的。荔枝能抵禦百蟲之害，400年老樹仍可結果，民間視為吉祥珍果。在婚禮上撒荔枝也是取其諧音為「利子」、「立子」之意，與棗一起，取其諧音，寓意為「早立子」。

在撒帳時，還有把棗、花生、桂圓、栗子放在一起撒的。花生，亦稱長生果。花生仁富含蛋白質、脂肪，可作油料和副食。桂圓營養豐富，為滋補品和饋贈品。因「桂」有「貴」的諧音，「圓」有「圓滿」之意，寓意婚姻美滿，所以也被視為婚禮時撒帳的吉祥物。如果把棗、花生、桂圓、栗子放在一起，取諧音有「新婚圓滿」、「早生貴子」之意。

蓮子也是婚禮上的吉祥物。因蓮子與蓮蓬有關，蓮蓬內有多顆蓮子，其象徵多子，所以蓮子也有多子的象徵。另外，「蓮」與「連」同音，與花生、桂圓、栗子等放在一起撒帳有婚姻美滿、連生貴子之意。所以撒帳時多把各

種果實混在一起，五顏六色，故稱「五色果」或「五彩果」。這樣撒帳時既好看，又有喜慶色彩，文化寓意也豐富。

隨著社會的發展，撒帳所用的吉祥物也在不斷增多，現在還有糖果、硬幣等，其文化內涵和寓意也更加豐富多彩。後來，有些地方把撒帳與鬧新房、翻床結合在一起，使婚禮更加熱鬧有趣。總之，不管怎樣翻新變化，撒帳的目的仍是通過吉祥物和各種婚俗來祝福新婚夫婦婚姻美滿、吉祥幸福、早生貴子。

芳茶溢味播九區
——茶與婚育吉祥文化

茶是人們生活中的常用飲品。中國有句俗話：「寧可一日無鹽，不可一日無茶。」元曲《玉壺春》中也說過：「早晨起來七件事，柴米油鹽醬醋茶。」可見茶在人們的日常生活中所佔有的重要地位。茶古時又稱「茗」。

中國是茶的原產地，也是世界上最早把茶作為飲料的國家。據茶聖陸羽《茶經》所言：「茶之為飲，發乎神農氏，飲自魯周公。」早在四千多年前，先民們就把茶葉入藥。春秋時，還把茗作為祭祀珍品。漢代把茶樹由野生開始人工種植。唐、宋時，廣東、江西、福建、湖南、湖北等地開始廣泛種植，並且成為市場上進行貿易的商品。當時浙江蘭亭花塢茶市，販運茶葉的已很繁華熱鬧。宋代詩人范成大有著名的《春日田園雜興十二絕》詩：

蝴蝶雙雙入菜花，日長無客到田家。

雞飛過籬犬吠竇，知有行商來買茶。

　　該詩生動地描述了春茶上市時，茶商在茶鄉收購茶葉的情景。公元 5 世紀，茶葉沿絲綢之路傳到西亞。唐代，茶葉已作為商品遠銷國外。公元 780 年，宋陸羽撰寫的《茶經》對種茶、制茶、飲茶等經驗進行了總結，成為世界上第一部傑出的茶葉專著，人們因此稱陸羽為「茶聖」。到了元、明、清，茶已成為人們生活的必需品。

　　茶葉清香四溢，馥鬱撲鼻，甘澤潤喉，自古以來是人們喜愛的飲品。特別是歷代不少文人雅士以茶助興，文思泉湧，留下大量的詠茶詩篇。西晉詩人張載在《登成都白菟樓》詩中讚美茶云：「芳茶冠六清，溢味播九區。」北宋詩人丁謂的《詠茶》詩，把茶寫得更神奇：

碾細香塵起，烹新玉乳凝。

煩襟時一啜，寧羨酒如澠。

　　據說唐代大詩人白居易就有詠茶、贊茶的詩 20 多首。在眾多詩人的詠茶詩中，一生愛茶成癖的唐代詩人盧全的《走筆謝孟諫議寄新茶》詩最精彩，詩為：

一碗喉吻潤，二碗破孤悶；

三碗搜枯腸，唯有文字五千卷；

四碗發輕汗，平生不平事，盡向毛孔散；

五碗肌骨清，六碗通仙靈；

七碗吃不得也，唯覺兩腋習習清風生。

蓬萊山，在何處？玉川子，乘此清風欲歸去。

　　在詩人的筆下，飲茶不僅是一種口腹之福，而且能文思泉湧，解悶消愁，甚至可以飄飄欲仙，真的是把茶的好處和飲茶的快感淋漓盡致地描繪了出來。更有趣的當數唐代詩人元稹的一首《一言至七言》寶塔詩：

茶，茶。

香葉，嫩芽。

慕詩客，愛僧家。

碾雕白玉，羅織紅紗。

銚煎黃蕊色，婉轉掏塵花。

夜後邀陪明月，晨前命對朝霞。

洗盡古今人不倦，將如醉後豈堪誇。

　　這首詩不僅寫得巧，而且把茶的清雅文化意趣也盡情寫了出來。

　　中國茶葉久負盛名，深得飲者讚賞，特別是西湖龍井茶、安徽黃山毛峰、太湖碧螺春、福建武夷岩茶、河南信陽毛尖、雲南普洱茶等，風味獨特，譽滿中外，備受人們喜愛。茶不僅能止渴、提神，而且還有健身、療痛的作用，常飲茶可以明目、消食、利尿、清火等。《神農本草經》：「（茶）飲

之使人益思，少臥，輕身明目。」三國華佗《食論》云：「苦茶久食，益思意。」明李時珍《本草綱目》載：「茶主治喘急咳嗽，去痰垢。」「茶苦而澀，最能降炎。」飲茶不僅可以防治疾病，增進健康，而且還是社交活動的重要媒介，人們常說：「一杯清茶常留客。」「酒茶不分家。」以茶待客已成為我國傳統文化禮節。因為茶的這些特殊功用，茶在婚育禮俗中又成為重要的吉祥物。自古以來，婚禮上就把茶作為婚約、守信、子嗣繁衍的象徵。

以茶為婚禮上的吉祥物起於何時？史書記載，當以宋人《品茶錄》為早：「種茶必下子，若移植則不復生子，故俗聘婦，必以茶為禮，義故有取。」明郎瑛《七修類稿》引《茶蔬》亦載：「茶不移木，植必子生，古人結婚，必以茶為禮，取其不移植之意也。今人猶名其禮曰『下茶』。」他在本書中還說：「種茶下子，不可移植，移植不可復生也。故女子受聘，謂之『吃茶』。」明許次紓《茶流考本》曰：「茶不移本，植必生子。古人結婚以茶為禮，取其不移志之意也。」明陳耀文在《天中記》卷四四中亦說：「凡種茶樹必下子，移植則不復生，故俗聘婦以茶為禮，義固有所取也。」茶在婚育習俗中的特殊象徵意義，是因為茶樹的生長習性，種植茶樹必須要下茶種子，因茶樹不可移植，移植必死。這正像徵了婚姻守信無悔、堅定不移、不可更改的文化內涵。另外，婚育風俗用茶還象徵子孫繁衍、百代不絕。由此可見，宋代茶已成為婚育中的重要禮物。

茶在婚禮中的不同階段也有不同的象徵意義和文化意蘊。茶在訂婚階段是以茶為聘禮，主要象徵婚姻關係確定，不可反悔，要信守婚約，所以稱「下定茶」或「下茶」、「定茶」、「茶金」、「茶禮」等。女子受聘，謂之「受茶」、「吃茶」。這一風俗早在我國宋代已流行。宋胡納《見聞錄》載：通常

訂婚，以茶為禮。故稱「茶金」，亦稱「茶禮」，又曰「代茶」。女家受聘曰
「受茶」。可見茶在當時訂婚的重要作用和飲茶之風的盛行。以茶來訂婚現在
很多地方仍沿用，如湖南、湖北等南方很多地方男子上門相親，如果女子看
中男方，就端一杯清茶讓男子喝。男子看中女子，喝完茶後送杯時把錢或貴
重物品一起送給女子，女子接受後，表示婚姻確定。

「十里不同風，百里不同俗。」以茶為訂婚聘禮，不同地域不同民族有不
同習俗。如甘肅保安族訂婚時男方送給女方家的聘禮以茶葉為主，女方接受
定茶後，即為訂婚，不能再反悔。湖北孝感、麻城一帶，男方給女方下訂婚
聘禮時必有茶和鹽。當地認為茶產於山上，鹽產於海裏，故合稱為「山茗海
沙」，方言諧音與「山盟海誓」相通。

舊時訂婚要喝三次茶，俗稱「三茶」。第一次是媒人上門提親，女方要
以糖茶招待媒人，意思是讓媒人口甜後多多美言；第二次是相親，男方去女
方家相親，女方讓男方喝糖茶，男方中意就把茶喝下，表示已相中，心中甜
美；第三次是入洞房，新郎、新娘都喝糖茶，謂之「合茶」，表示今後生活甜
蜜。喝過「三茶」表明婚姻美滿，永不變心。

茶在娶親、迎親和鬧洞房時也是重要的吉祥物。江浙、福建有些地區娶
親時要吃「蛋茶」，新娘被娶到男方家後接入中堂，由一位父母健在的年輕漂
亮的姑娘，端上一碗甜「蛋茶」讓新娘喝，新娘只能低頭喝茶，不能吃蛋，
不然會遭人恥笑，認為新娘好吃、不穩重。新娘喝完「蛋茶」後，要將一個
紅包與茶碗一塊再交給端茶的姑娘，表示感謝。這種習俗有表示祝子的寓
意，即祝新娘婚後早生貴子。

鬧洞房也與茶有關係。雲南漢族就有「鬧茶」的習俗。新婚三日內，新

婚夫婦每天晚上要向來家裏鬧房的賓客敬茶，賓客會想出各種難題刁難新
郎、新娘。如出謎語、唱歌、繞口令等。新郎、新娘要靠機智和聰明來巧答
妙對。答得好就喝茶，以示誇獎；若答不好就會引起鬨堂大笑，然後再出。
俗言有：「鬧發鬧發，越鬧越發。」沒人鬧，反倒認為不吉利。鬧房熱鬧一方
面說明男方家人氣旺，與四鄰關係好；另一方面借「鬧茶」的習俗，又有「祝
子」之意。在湖南等地，舊時新郎、新娘進洞房前，還要用紅棗、花生、桂
圓、龍眼、冰糖泡入茶中來招待客人，寓意「早生貴子跳龍門」，和讓眾人分
享新婚的甜蜜。

甘苦竹箸味先嘗
——筷子與婚育吉祥文化

　　筷子古代又稱「箸」、「梜」、「挾」、「筯」等，是中國人發明的一種飲
食用具。

　　筷子歷史悠久。遠古社會，先民們吃熱食物時怕燙手，就已經知道用竹
棍和樹枝來夾取食物，後來經過加工才發展成為筷子。據歷史記載，筷子已
有三千多年的歷史了。《史記·十二諸侯年表》載：「紂為象箸，而箕子怖。」
《韓非子·喻老》亦記有「昔者紂為象箸」。可見，殷商時期紂王已使用上象
牙筷子。

　　為什麼最早筷子稱「箸」呢？因為古代菜多煮熟而食之，「煮」與「箸」
同音，所以稱筷子為「箸」。《廣雅·釋器》曰：「梜，謂之箸。」《禮記·曲禮

上》記：「羹之有菜者用梜，其無菜者不用梜。」是說周代時湯中有菜時用筷子，沒有菜就不用筷子。到漢代使用筷子更普遍了，此時筷子即稱「箸」，又稱「梜」、「梜提」。《前漢書·張陳王周傳》云：「上居禁中，召亞夫賜食。獨置大胾，無切肉，又不置箸。漢鄭玄注云：『梜，猶箸也。』今人或謂箸為梜提。」魏晉南北朝時，「箸」又新寫為「筯」。「筯」與「箸」音同字不同。《三國演義》第二十一回「曹操煮酒論英雄」中寫：「玄德聞言，吃了一驚，手中所執匙　，不覺落於地下。」這裏所寫的「筯」即為筷子。隋唐時期，又出現了金筷、銀筷等，仍稱「箸」或「筯」。唐代著名邊塞詩人高適的《燕歌行》詩云：「鐵衣遠戍辛勤久，玉箸應啼別離後。」唐代大詩人李白的《行路難》詩中也有「停杯投箸不能食」的詩句。

到了明代，「箸」的名稱有了大的改變。據明陸容《菽園雜記》載：「民間俗諱，各處有之，而吳（指江蘇）中為甚。如舟行諱住、諱翻，以箸為快兒，幡布為抹布……」古時因民間划船者，最忌諱「住」、「翻」等。因行船求「快」，所以把古「箸」稱為「快子」。「快子」大多是用竹子所做，後人又在「快」上加個「竹」字頭，成了今天的「筷子」。但明代仍有稱「箸」的。明代詩人程良規《詠竹箸》詩云：「殷勤向竹箸，甘苦爾先嘗。滋味他人好，爾空來去忙。」詩中生動地描寫了筷子的風格和作用，頗有趣味。明朝以後，筷子不僅是餐具，也成為吉祥物。

筷子成為吉祥物，很快與人生大事婚育聯繫起來，民間把「筷子筷子，快生貴子」，作為新婚時的好口彩。把筷子作為婚禮的吉祥物，各地有很多不同的風俗。陝西一帶，在新郎、新娘拜堂入洞房後，有人會從窗外摺進新房一把筷子，此時迎姑婆立即就唱道：「隔窗摺筷子，明年生太子。」此俗當地

稱「唱贊禮」。青海在送新娘出門時，拜過祖先後，再由父親或兄長將一把嶄新的筷子撒在門外，並伴以詠唱：「一撒洞房真熱鬧，一世如意一世昌。二撒二人上牙床，二人同心福壽長。三撒新人心意好，三陽開泰大吉祥。」青海也有些地區是送親時邊走邊撒。而江蘇蘇北在新娘出嫁時父母一定會在子孫桶（即陪嫁的馬桶）裏放進蓮子、栗子、棗子、雞子（即雞蛋）和一把紅筷子，俗稱「五子登科」。鬧洞房時，新郎把子孫桶中裝的這些東西取出來分給鬧房的人吃，筷子又寓意多子多福。在揚州鬧洞房時特意讓一個可愛的小男孩用紅筷子把窗戶紙搗開，邊搗還邊唱：「我是童男子，手拿紅筷子，搗你窗戶紙。一搗生個兒子上大學，二搗生個兒子做大官。一雙筷子一個洞，生個兒子更有用。筷子戳窗笑哈哈，養個兒子科學家。」江浙一帶在鬧房後，人們都退出，新人關門，此時送新娘的人用成雙的紅筷子戳破窗戶紙，往喜床上拋去，邊戳邊拋還邊唱：「手拿紅漆筷，站在喜窗外，戳破紅窗紙，來年就見子。一戳一拖，養兒一窩；一戳一搗，養兒趕考；一戳一順，養兒拔貢；一戳一拉，養兒探花。戳得快，養得快，一年一個小元帥。」聽說這種婚俗是象徵子孫繁衍、多子多福。而江蘇蘇南一帶，在新郎、新娘入洞房後，有一位姑婆拿一把筷子撒，並邊撒邊唱：「筷子筷子，快生貴子；筷子飛揚，子孫滿堂；筷子落地，狀元及第。」在雲南新娘出嫁的嫁妝中必少不了兩雙用艾蒿稈削制的「艾筷」，取諧音為「愛得快」。一方面艾可避邪，另一方面象徵小倆口恩恩愛愛。據說白族人對筷子特有感情，在談情說愛、求婚、結婚、生育時都少不了筷子。如在求婚時男方就唱：「有主你就快開口，無主你就跟我走。討得金竹做筷子，碗筷相伴到白頭。」鄂西土家族新娘出嫁時要哭嫁，哭嫁要會唱《哭嫁歌》。在新娘上轎時，婚禮主持者要在花轎四周撒筷

子，此時新娘要大唱《哭嫁歌》：

> 一支火把亮堂堂，一把筷子十二雙。
> 冤家出門鳥飛散，筷子撒落在地上。
> 哥哥撿到把福享，弟弟撿到壓書箱，
> 妹妹撿到配鸞鳳，表姐表妹撿到嗒，
> 又是笑來又是唱，一生一世都吉祥。

在內蒙古婚禮上，也少不了筷子。特別是婚禮上跳的筷子舞更美、更有趣。在酒宴上，大家酒興後，人們圍著熊熊燃燒的篝火，簇擁著新郎、新娘，一邊唱，一邊用彩色筷子上下敲擊著肩和腿跳舞，筷子發出「嚓嚓嚓」有節奏的悅耳聲，組成了一幅吉祥歡樂美妙的圖畫。

太宗以鏡鑑古今
——鏡子與婚育吉祥文化

鏡子是女子用來梳妝照面的必備用品，也是古代陪嫁必有之物。中國古代最早的鏡子是用青銅鑄造磨制而成，故又稱「青銅鏡」。因鏡子是用來照容的，又稱「鑒」。宋代時為了避宋太祖祖父趙敬之諱，又稱鏡子為「照子」。

鏡子在我國歷史悠久。最初，人們是對著平靜的水面來照容的，後來用陶盆盛水照面，所以，甲骨文、金文中的「監」字，就像一個人在對著器皿

照看之狀。《莊子・德充符》云：「人莫監於流水，而監於止水。」由於用水照面的啟發，人們便發明了銅鏡。

　　古代銅鏡為圓形，鏡面打磨得光亮照人，鏡子背面多鑄有紐和紋飾、銘文。我國曾出土一面唐代的菱花鏡，背面的銘文是一首詩：

　　　　照日菱花出，臨池滿月生。
　　　　官看巾帽整，妾映點妝成。

　　寫出該鏡的功能，日照時會現出菱花，映水時明如圓月生出，堪稱鏡中之罕見寶物。

　　相傳，鏡為軒轅黃帝所發明，《軒轅黃帝傳》云：「（黃帝）鑄鏡為十五面。」《述異記》中也記有：饒州俗傳軒轅氏鑄鏡於湖邊，今有軒轅磨鏡石，石上常潔，不生蔓草。

　　戰國時期，銅鏡開始盛行，薄而輕巧，背面多無銘紋。到了漢代和魏晉，銅鏡使用更廣泛，而且銅鏡漸大漸厚，鏡背紋飾也增多，有山字紋、花葉紋、雲水紋、神獸紋、人物紋等。神獸紋為左龍右虎、朱鳥玄武等；人物紋多為王母娘娘、神話人物或伍子胥等歷史人物；吉祥銘文多為「長命富貴」、「長宜子孫」、「長相思」、「不相忘」、「樂未央」等，所鑄紋飾均有浮雕效果，立體感強。從所刻鑄的圖紋來看，突出銅鏡的求吉、避邪功能。

　　唐代銅鏡制作技藝高超，形制多樣，除圓形外，還出現了八棱形、葵花形等形制。鏡背紋飾也更加豐富，又增加有龍鳳瑞獸、牡丹花、蜂蝶飛舞、葡萄纏枝、十二生肖等吉祥圖案。到了宋代，銅鏡制作開始走下坡路，不再

講究紋飾，而重實用，出現了掛鏡、帶柄手鏡。到了元、明、清，銅鏡制作更粗糙，銅質較差，工藝簡陋。清乾隆年間，玻璃傳入中國，從此玻璃鏡代替了銅鏡。

由於銅鏡有照面的作用，鏡子背面有吉祥紋飾，鏡子在古人心目中有避邪的功能。又因為古鏡為女子常用的梳妝用具，所以與古代婚育有著密切關係。古代陪嫁品中鏡子是必有之物，在婚禮的過程中，也形成了照鏡、懷鏡等婚禮習俗。古代在四川一帶，新郎、新娘拜堂時，胸前衣內都戴有銅鏡，以避災禍，稱為「懷鏡」。在浙江等地新娘離開娘家時，要到中堂先向祖先靈位告別，並照一下鏡子，照出影子，故稱「照鏡」。因「影」與「孕」諧音，寓意有「孕子育女」的吉兆，另還有避邪的作用。

「照鏡」在婚禮時還常用於巫術儀式，迎親的花轎在離開新娘家和進入婆家時，有人用鏡子在轎子上下、左右周圍照一遍，新娘進屋後也要用鏡子把新房內照一遍。這些與鏡子有關的婚育禮俗表達了古人對婚育吉祥、幸福、美滿生活的追求和向往。

銅鏡作為婚育避邪物，同時也是婚姻和愛情的信物。歷史上「破鏡重圓」的故事就與鏡子有關係。據唐孟棨《本事詩・情感》載：南朝陳後主陳叔寶的妹妹樂昌公主與徐德言結為夫妻後，徐德言根據當時陳的局勢感到陳國將亡，就對妻子樂昌公主說：「陳滅後，我們可能會分散，根據你的美貌隋兵不會殺你，定會被掠去納入權貴之家。如果今後我們情緣未斷，有機會再見面，應該有個東西作憑證。」徐德言便把一面銅鏡一破為二，夫妻各執一半，又說：「如果真有那麼一天，我定在正月十五那天到京城街上去賣半鏡，你可在那一天去街上尋找我。」

　　後來果然陳國滅亡，徐德言的妻子樂昌公主落到隋朝楊素手中。楊素對樂昌公主也十分喜愛。徐德言在戰亂中流落到京城長安。

　　正月十五元宵節時，徐德言拿出珍藏的半面銅鏡在街上高價出賣。消息傳到樂昌公主耳中，她立即派人帶另半面銅鏡去驗對，得知街上賣鏡人果然是徐德言。徐德言見鏡已圓，而人未見，便題詩一首交於來人，詩云：

　　　　鏡與人俱去，鏡歸人不歸。
　　　　無復嫦娥影，空留明月輝。

　　樂昌公主見詩，得知果真是自己日思夜想的丈夫徐德言，十分悲傷，淚流滿面，不思飲食，憂鬱成疾。

　　楊素知道了這件事後，也深感同情，就派人把徐德言找來，把妻子歸還徐德言，並贈送很多錢財和禮物給他們，讓他們倆同歸江南。樂昌公主很是感激，左右為難，並賦詩一首：

　　　　今日何遷次，新官對舊官。
　　　　笑啼俱不敢，方驗做人難。

　　徐德言和妻子回到江南，白頭偕老。這就是成語故事「破鏡重圓」的由來。後來人們就用「破鏡重圓」比喻夫妻失散後重逢或離異後重聚。在吉祥圖案中把鏡子同鞋放在一起，即象徵夫妻「同偕到老」的吉祥寓意。

　　鏡子可照面，亦可照人鑒德，使鏡的文化內涵更豐厚。唐太宗曾提出：

「以銅為鏡，可以正衣冠；以史為鏡，可以知興替；以人為鏡，可以明得失。」故唐代大詩人白居易以詩贊云：「太宗嘗以人為鏡，鑒古鑒今不鑒容。」我們的偉大領袖毛澤東同志也曾用照鏡子來比喻人們要自我認識，自我檢查。周恩來總理在南開讀書時，就自做了一個「紙鏡」，每天都要去照照，很多同學感到奇怪，就去看。原來「紙鏡」不是用來照面的，而上面寫著：「面必淨、髮必理、衣必整、紐必結；頭宜正，肩宜平，胸宜寬，背宜直。氣象：勿傲、勿暴、勿怠；顏色：宜和、宜靜、宜莊。」原來周總理是以此「紙鏡」來嚴格要求自己，把這些話作為自己做人做事、待人處世的「鏡子」。

古代詩人多有以鏡為詩的詩作，但唐代詩人劉禹錫有一首《昏鏡詞》頗有新意：

昏鏡非美金，漠然喪其晶。

陋容多自欺，謂若他鏡明。

瑕疵既不見，妍態隨意生。

一日四五照，自言美傾城。

飾帶以紋繡，裝匣以瓊瑛。

秦宮豈不重，非適乃為輕。

該詩諷刺了那些自欺欺人者以昏鏡為寶物，喜歡別人的吹捧和阿諛奉承。而那些明智者以正為鏡，檢查自己，糾正過錯，勸誡人們不要照「昏鏡」。這首詩至今仍有教育意義。

現代詩人艾青有一首《鏡子》詩，很有特色，詩云：

僅只是一個平面，卻又是深不可測；

它最愛眞實，決不隱瞞缺點；

它忠實於尋找它的人，誰都能從它發現自己；

或是醉後酡顏，或是鬢如霜雪；

有人喜歡它，因爲自己美；

有人躲避它，因爲它直率。

甚至會有人，恨不得把它打碎。

詩中先描寫了鏡子的特徵，然後寫不同的人對鏡子的不同態度，寓意深邃，給人啟迪，爲鏡子增添了更多哲理和文化意趣。

精巧剪紙招我魂
——剪紙與婚育吉祥文化

剪紙是中國民間藝術最爲普及、最爲廣泛流傳的品類之一，而且風格多樣，極具地方特色，深受廣大人民的歡迎和喜愛。

大凡婚慶的日子和過年的時候，民間都少不了要剪紙、貼窗花，特別是北方和黃河流域，婚慶時更重視剪紙、貼窗花，包括貼「紅雙喜」，有的又稱「貼喜花」，貼「禮花」。

婚慶時用鮮豔的紅紙剪各種民間吉祥內容的圖案，不僅熱鬧又增添了婚禮的喜慶氣氛，而且民間還有剪紙避邪納祥的信仰觀念。現在，剪紙更多的

是表達人們對婚育的美好願望和祝福。

剪紙在民間婚姻民俗中使用的範圍極廣。婚禮時，房內外、窗戶上、炕周圍、箱子、櫃子和各類傢俱上，都貼有不同的剪紙，甚至刺繡的枕頭花、鞋頭花、兜肚花等也多以剪紙為底樣。這些民間婚育民俗剪紙構成了鮮明豐富的文化內涵：一是渴望婚姻生活美滿和諧、白頭偕老、百年好合；二是祈願子孫繁衍、幸福吉祥、興旺發達。

剪紙是我國民間一門古老藝術，它不需要高深的學問，也不需要復雜的道具，更不需要昂貴的成本，只要一把剪刀、一張紙，在田間地頭、炕邊凳上一坐，「嚓嚓嚓」幾剪，一幅生動的作品就出來了。雖然剪紙看上去簡單，但它需要一股虔誠、執著的情愫，需要一個嫻靜、安適的心情，需要一種靈慧、樸實的意趣。

民間婚育剪紙歷史悠久，源遠流長，流傳廣泛，是中華民族古老生命信仰觀念傳承不衰的重要文化載體，並且成為不少地方民眾生活和婚育的重要吉祥象徵。

關於剪紙的由來，有說是起源於公元 6 世紀，有的說更早。因為紙很容易毀壞，特別是剪紙更難保存，它不像青銅、碧玉那樣埋在地下千年不化，所以很難找到遺蹤留痕。但有一則民間傳說故事，說明了我國隋朝已有剪紙，並與隋煬帝的奢侈荒唐的罪惡生活有關。

相傳隋朝楊廣為帝後，恣意玩樂，不思國政。他聽說揚州景色秀美好玩，便一年兩次下揚州。他第一次下揚州正值夏天，池內荷花盛開，亭亭玉立；荷葉翠綠，葉上露珠，滾玉流銀。隋煬帝在揚州城西的上林苑遊樂，夜幕降臨，他讓宮女們和他一起遊園，不准點燈火，而令人捉來很多螢火蟲，

放入上林苑中，把苑內照得如同白晝，隋煬帝玩得很高興。但他第二次到揚州是在冬天，上林苑內百花凋零，池內荷花乾枯，池水也已結冰。隋煬帝遊興不減，便令宮女用紅紙剪成荷花，用綠紙剪成荷葉，鋪在冰上，再澆上水與冰凍結在一起，真像滿池荷花，甚是好看。後來，人們也仿照此法剪些花花草草貼於窗上、牆上，成了後來的剪紙。這雖然是個傳說故事，但據學者考究，剪紙不會早於漢朝。早期剪紙大約跟道家的祀神招魂有關。兩晉南北朝時民間已有剪紙的風俗。

到了唐朝，民間剪紙用于迎春或婚慶已成風俗。唐代大詩人杜甫的《彭衙行》詩中就寫有：「暖湯濯我足，剪紙招我魂。」說明了當時杜甫喜歡的兩件事：一件是用熱水洗腳，另一件是剪紙。宋朝以後，我國造紙業興盛，生產出品　質很好的貢紙、宣紙等，為剪紙的發展提供了更多有利的條件。

到了明、清，剪紙已走入千家萬戶，很多婦女都會剪一些花樣。並且已形成了兩大流派：以陝西、河南黃河流域為主的北方剪紙，以質樸、粗獷、大方見長；而以揚州、杭州、蘇州為主的南方剪紙，則以精巧、清秀、細膩見長，藝術上各有千秋，各具特色。從不同地區來看，陝西剪紙秀麗圓潤、線條流暢；山東高密剪紙「密不容針」，濱州剪紙則「疏可走馬」；河北蔚縣剪紙以人物為主，形象動感強烈，親切可人；南京、蘇州剪紙精巧秀美……剪紙極具鮮明的民族特色和地方特色，走遍中國，可以說隨處都能見到各種各樣的剪紙，它已成為我國民間的藝術瑰寶，是我國珍貴的文化遺產。

剪紙在民間婚禮上廣泛運用，如剪「喜花」，民間多讓新娘自己親手剪，貼於陪嫁的器物上，這樣既展示了新娘的心靈手巧，也表達了新娘對新郎的感情深厚、真摯。

　　婚禮上的剪紙題材多結合男女的生殖崇拜、多子多福觀念為主要內容，如「多子葫蘆」、「榴結百子」、「魚戲蓮」、「四喜圖」、「蛇盤兔」等。如「蓮生娃娃」是山西婦女們較喜歡的吉祥紋樣。「蓮」音同「連」，喻新娘連生貴子之意。另如「蛇盤兔」也是民間婚禮喜愛的吉祥紋圖。民間認為蛇為小龍，龍為陽，兔為陰，是謂陰陽結合。屬蛇的男方與屬兔的女方結婚便吉祥美滿幸福，俗語有：「蛇盤兔，必定富。」

　　在黃河流域，民間婚禮還喜愛剪「扣碗」圖紋。「扣碗」是古代合巹之喜的象徵。「合巹」即喝交杯酒。一般所扣的上碗喻男性，為陽；下碗喻女性，為陰。碗上還剪有石榴、蝴蝶、蓮花、娃娃等，寓意男女相交，陰陽相合，化生萬物，彰顯出男女婚配、生育多子的傳統文化觀念。剪紙「老鼠嫁女」也是人們廣泛喜愛的吉祥紋樣，與婚育民俗文化內涵有著密切的聯繫。民間傳說正月初七「人日」為「鼠娶親」日，鼠為「子神」，敬祀「子神」正含有子孫生命繁衍的寓意。此外，「老鼠偷瓜」、「老鼠偷雞蛋」等剪紙紋樣都含有同樣的文化內涵和寓意。剪紙作為吉祥物，舊時一般都有一定的象徵意義，有的還作祭祀祖先和神仙所用供品的神物，有的作為避邪納福的吉祥物，有的作年節和婚育壽誕的喜慶吉祥裝飾物，等等，均傳達著某種信息，承載著某種吉祥的寓意和用途。

　　如今，剪紙作為一種民間藝術，主要用於裝飾。因剪紙是平面構圖，講究畫面鋪排勻稱，線條互相連通，形象多富裝飾性，不追求嚴格寫實，具有濃烈的民族風味、地方特色和裝飾的形式美感，深受人們的喜愛。

琴瑟和鳴締良緣
——琴瑟與婚育吉祥文化

琴瑟是我國古老的撥絃樂器，曾被人們賦予「玉琴」、「瑤琴」、「綠琴」等很多美麗動人的雅號。古時，琴與棋、書、畫並稱，為「才秀四藝」，琴居其首。古人認為撫琴彈瑟是一件十分高雅的事情，彈奏時有「六忌」、「七不彈」之說。「六忌」為：一忌大寒，二忌大暑，三忌大風，四忌大雨，五忌迅雷，六忌大雪。「七不彈」為：聞喪者不彈，奏樂不彈，事兄不彈，不淨身不彈，衣冠不整不彈，不焚香不彈，不遇知音不彈。總之，去雜念，心平靜，方才彈。故「六忌」、「七不彈」古稱為「琴德」。所以，琴瑟被視為吉祥物，飽含著華夏深沉厚　重的文化內涵。

琴史綿長，傳說距今已有三千餘年歷史。相傳，伏羲看到鳳凰在梧桐樹上棲息，姿態憂雅，就根據鳳凰的形象，用桐木做了一張琴，從此，世上便有了琴。以鳳身為琴形，更顯琴之高貴秀雅。又傳古琴是由遠古神農氏發明創造。有一次神農氏伐了一棵梧桐樹，取中段放瑤池中浸泡 72 天，取出陰乾，讓制琴名師劉子奇製成琴，始有琴。因此古琴又稱「瑤琴」。《太平御覽》引《楊雄琴清英》載：「神農造琴以定神，齊媱僻，去邪欲，反其天真者也。」宋羅泌《路史・發揮》注引《桓譚新論》云：「神農氏繼而王天下，於是始削桐為琴，繩絲為弦，以通神明之德，合天人之和焉。」可見那時琴已深入人心。

相傳，古琴制作十分精巧，頗具匠心，琴身長三尺六寸一分，象徵一年360 天；前闊八寸，後闊四寸，正合四時八節；外側有徵 13 個，代表 12 月外

加 1 個閏月；弦 5 根，為宮、商、角、徵、羽五音，象徵金、木、水、火、土。後來周文王為了悼念他死去的兒子伯邑考，又增加了 1 根弦。到周武王伐紂時，為了鼓舞士氣，又增添了 1 根弦，所以古琴又稱「文武七絃琴」。從此，成為我國古代的傳統樂器。

在古琴史上，有一種「焦尾琴」值得一提。據《後漢書》載：東漢大書法家、辭賦家、琴家蔡邕一次外出來到常熟，在經過一戶人家時，聽見燒火的桐木發出清妙之聲，這正合其制琴的心意，便上去從火中搶出此木，但木已燒焦。蔡邕就用這剩下的焦木製出一琴，彈之音韻奇佳。因該琴的琴尾仍有燒焦的痕跡，故名「焦尾琴」。也許常熟與古琴有特殊情緣，如果你站在高處遠遠地俯瞰，常熟城就像一把斜放的古琴，貫穿常熟城區的七條河彷彿古琴正彈奏的七根琴弦。因此，常熟自古又美稱「琴川」。

琴諧「情」音，琴含深情，人琴相合，血脈相通。琴可謂「情」的代言，琴作為吉祥物在流傳的幾千年中華文化之音中，曾演奏了無數撼人心魄的樂章。最著名的當數伯牙、子期的「高山流水覓知音」的故事了。

相傳春秋時期，晉國上大夫俞伯牙是一代琴中高手。一年八月十五中秋夜，他出使楚國歸國時走到龜山腳下，突遇狂風暴雨，只好停泊夜宿。

雨過天晴，皓月當空，俞伯牙心曠神怡，便彈琴詠志。俞伯牙向來自負，自以為深山曠野之間不會有人能夠聽懂他的「陽春白雪」之音。誰知一曲未終，琴弦自斷。常言：「琴有誤，高人顧。」在此，伯牙無意中遇到樵夫鍾子期。兩人相會，子期從琴史講到琴理，再談到伯牙所彈奏的琴曲，無一不通。滿腹經綸、精通音韻的子期讓伯牙大吃一驚，仰慕不已。原來子期是為奉孝而隱居山林的。伯牙心中暗暗高興，又調好琴，以心中所思的巍峨高

山為景彈奏一曲。子期一聽，贊道：「善哉，峨峨兮若泰山！」伯牙又以心中所懷的淙淙流水為景再奏一曲，子期聽後拊手贊曰：「善哉，洋洋兮若江河！」子期的評贊均一言中的，直指伯牙心意。

深山遇知音，兩人立覺相見恨晚，當下結為摯友，約定來年再在此相會。

第二年，伯牙如期赴約，誰知子期已病故，化作山野一抔黃土。伯牙悲痛萬分，在子期墓前彈奏了一曲《高山流水》後，摔斷琴身，立誓終生不再撫琴。「俞伯牙斷琴謝知音」的故事見證了人間最寶貴的友情，一曲《高山流水》成了情深誼長、相知相惜的千古絕唱。

琴曲抒情，琴發展到漢、晉時期，已有長足發展，當時蔡文姬的《胡笳十八拍》、阮籍的《酒狂》，以及《廣陵散》、《王昭君》等名曲，廣為流傳。《鳳求凰》、《長門怨》等傳世佳作，又奏響了情愛的心聲，演繹著一曲曲纏綿動人的愛情故事。《鳳求凰》講的是司馬相如琴挑卓文君，為尋婚姻自由美滿私奔的故事。

名曲《長門怨》則是一首為愛失意的怨曲。故事是講漢武帝劉徹年幼時被封為膠東王，其姑母有一女兒名陳阿嬌。他倆青梅竹馬，劉徹也非常喜歡阿嬌。一日，其姑母問劉徹：「徹兒長大後願娶誰為妻？」劉徹答道：「若能娶阿嬌，願蓋金屋藏之。」由此便有了「金屋藏嬌」的典故。故唐代詩人李商隱的《茂陵》詩中有「玉桃偷得憐方朔，金屋修成貯阿嬌」之句。

後來劉徹真的繼位，又有了新寵衛子夫，衛為他生下一子劉據。從此，劉徹冷落了陳皇后阿嬌。阿嬌又氣又恨，就求助巫蠱來迫害寵妃衛子夫。武帝得知，大怒，廢黜了阿嬌皇后之位，謫貶後宮。阿嬌不甘心打入冷宮，想

起漢武帝特別喜歡司馬相如的《長門賦》。想以此賦來傾訴悲愁，打動武帝，恢復舊情。但武帝仍沒有迴心轉意，陳皇后含怒在冷宮了卻殘生。可憐千古《長門怨》，脈脈此情向誰訴？

情之切切，傳之於琴。自古以來，多少文人墨客都與琴結下不解之緣，抒寫出無數感人的詩曲辭章。詩仙李白，狂傲不羈，風流灑脫，但也有兒女之情傳之於琴。他的《長相思》詩云：

> 趙瑟初停鳳凰柱，蜀琴欲奏鴛鴦弦。
>
> 此曲有意無人傳，願隨春風寄燕然。

該詩寄相思愛戀之情於鴛鴦弦上，但卻無人傾聽，怎不令人悵然。宋蘇軾《答求親啟》有：「許敦兄弟之好，永結琴瑟之歡。」是用琴瑟來祝願新人相親相愛，百年好合。

瑟為長方形木質樂器，與琴同時產生，傳說也是伏羲氏所創。琴瑟相偕，古時常用來比喻夫妻心心相印、恩愛和諧。距今 2500 年的《詩・國風・周南・關雎》中就有了「窈窕淑女，琴瑟友之」。《詩・小雅・棠棣》云：「妻子好合，如鼓琴瑟。」舊時婚聯也常用「鳴琴樂佳偶，鼓瑟締良緣」、「百年琴瑟好，千載鳳麟祥」等。

琴今天仍還在流傳，可惜，瑟已失傳。琴瑟合璧，已成塵封的歷史神話。今天，我國的古琴藝術已被世界教科文組織列入「人類口頭與非物質文化遺產」名錄，這一古老的文化傳說，已成為華夏文化的精髓。

千里姻緣一線牽

——月老與婚育吉祥文化

　　月老，即月下老人，是專司人間姻緣、愛情之神，又稱「媒神」、「高禖」、「皋禖」、「女媒」等。古時「禖」通「媒」，

　　指婚姻。《禮記·月令》載：「仲春，玄鳥至。至之日，以太牢祠於高禖，天子親往。」是說仲春時節，燕子來時，天子親自以太牢祠祭禮高禖之神。可見，我國對媒神的信仰起源十分古老悠久。

　　愛情和婚姻是人類永恆而又古老的主題，早在商周時期，先民們就把女媧作為媒神祭祀。宋羅泌《路史·餘論二》云：「皋禖古祀女媧。」《路史·後紀二》亦云：「女媧祝禱祠神，祈而為女媒，因置昏（婚）姻。以其載媒，是以後世有國，是祀為皋禖之神。祈而為女媒，固置婚姻。」相傳，女媧搏黃土造人，就以男女相配，讓其繁衍後代，所以人們就把先祖人母女媧作為媒神來崇拜信仰，在郊野築壇蓋廟來祭拜。古代祭祀媒神之禮十分隆重，每年仲春時節，用「太牢」（須豬、牛、羊三牲齊備）最高禮節來祭祀。此時，青年男女在女媧廟前以天為帳，以地為床，盡情自由地歡樂，這就叫「天作之合」。後來，女媧又兼司送子之責，凡男女婚後不生育者，均來祈求女媧娘娘給他們送來子女。

　　到了唐代，民間又產生了專司男女婚姻大事的媒神——月下老人，簡稱「月老」。據唐李復言傳奇小說《續玄怪錄·訂婚店》記載：唐代有個叫韋固的人，從小是個孤兒。長大後，有一年他路過宋城（今河南商丘市南），見一位老人倚囊而坐，在月光下檢讀書冊。韋固感到好奇，走上前去問老人所看

何書。老人答道：「天下婚牘。」韋固又問老人囊中所裝何物，老人答曰：「赤繩，是用來係夫妻之足的，即使是仇人遠隔千山萬水，但只要這繩子一系上，兩人準會結為夫妻。」此即為「千里姻緣一線牽」的由來。

韋固聽後有些懷疑，又問他的婚姻前途如何。老人翻看書後對他說：「你未來的妻子是城北頭那位賣菜的瞎眼老婦之女，今年才3歲。」韋固不信，到城北賣菜處老婦那裏偷看，果見有老婦和小女，而且長得都非常醜陋。韋固想，將來這個小姑娘嫁給我多丟人啊，就讓人去刺殺那個小女孩。誰知刺殺小女孩的人因心慌沒有殺死小女孩，只是刺傷了小女孩的眉心。

又過了10多年，韋固當了兵，非常勇武，刺史王泰看中了韋固，不僅讓韋固任他的參軍，還把小女兒許嫁給他。

韋固與王泰小女結婚後，見她眉間老是貼著花。韋固問其原因後，始知此女正是自己10多年前讓人刺殺的小女孩，後來是王泰收養了她。韋固感歎姻緣難違，從此兩人相親相愛。宋城的縣令聽說此事，把韋固住過的店叫「訂婚店」。後來，人們便把這位月老當作掌管婚姻之神，也用來代指媒妁。

這個故事流傳久遠，明初劉兌還根據此故事編成《月下老定世間婚配》的雜劇。明張四維的傳奇《雙烈記・就婚》中有：「豈不聞月下老人之事乎？千里姻緣著線牽。」清曹雪芹《紅樓夢》第五十七回裏薛寶釵的母親薛姨媽對寶玉說的一番話中也提及月老：「自古道：『千里姻緣一線牽。』管姻緣的有一位月下老兒，預先注定，暗裏只用一根紅線，把這兩個人的腳絆住。憑你兩家那怕隔著海呢，若有姻緣的，終久有機會作成了夫婦。」所以，舊時人們俗信，男女姻緣皆有月下老人已用紅線把雙方牽連好了，即使相隔再遠，也會終成眷屬；沒有緣分，近在咫尺，也難成夫妻。

　　關於姻緣，還另傳有一個故事：唐代荊州都督郭元振長得一表人才，宰相張嘉貞想納他為婿。張宰相有五個女兒都想許配給郭元振，張宰相無奈，想了個辦法讓五個女兒坐在帳內，每人手中各拿一根紅絲線，將線頭露在外面，讓郭元振隔著帳子去牽，牽到哪位姑娘手中的線，就娶哪位姑娘為妻。郭元振早聽說張宰相三女兒長得漂亮，聰明而賢慧，有心想娶三小姐。誰知郭元振正好牽到三姑娘的紅線，兩人結為夫妻，這真是「美滿姻緣紅線牽」。後來婚禮上為表示姻緣美滿，都有牽紅線的習俗。

　　到了宋代，牽紅線演變為「牽紅巾」。清代婚禮上又變為牽紅絲帛或紅布。新郎、新娘相牽入洞房，寓意「同心相結，婚姻美滿」。直到今天，有些婚禮上仍有牽紅綢的習俗。在浙江杭州孤山月老祠就有一副對聯：「願天下有情人都成了眷屬，是前生注定事莫錯過姻緣。」說的就是這件事，這也是對人間青年男女的美好祝願。所以，月老也成為人們心目中的婚姻吉祥神。

却將密綠護深紅
——石榴與婚育吉祥文化

　　俗言：「五月榴花紅似火。」初夏時節，芳菲漸稀，而石榴花卻如火如荼地含笑盛開。綠葉扶疏，花紅似火，給人以熱烈、豪放之感。

　　石榴又名安石榴、丹若、塗林、金罌、血珠、天漿等。道家又稱其為「三尸酒」，是說三尸蟲食此即醉。

　　石榴為石榴科落葉小喬木，原產於波斯，漢代時，張騫出使西域，經絲

綢之路從安石國（今伊朗）帶回。晉張華《博物志》載：漢張騫出使西域，得塗林安石國榴種以歸，故名安石榴。晉潘尼《安石榴賦序》云：「安石榴者，天下之奇樹，九州之名果。」明王志堅《表異錄・花果》亦云：「石榴，一名丹若，一名天漿。」因為榴子色紅如血，累累如珠，又稱「血珠」。唐代詩人白居易《山石榴寄元九》詩云：「日射血珠將滴地，風翻火焰欲燒人。」石榴還稱「金罌」，亦稱「金櫻」。明代名醫李時珍《本草綱目》有：「筆衡云：五代吳越王錢鏐改石榴名金櫻。」因石榴是張騫出使西域塗林安石國帶回，故又以地名代果名稱「塗林」。南朝梁元帝《石榴》詩云：「塗林未應發，春暮轉相催。」

　　石榴作為吉祥物，有多子多福的象徵，這主要源自石榴果多子的特點。古人稱石榴「千房同膜，千子如一」。早在漢魏六朝時，石榴就已成為結婚時的吉祥物、祝吉生子的吉祥瓜果。據《北史・魏收傳》載：北齊皇帝安德王納趙郡李祖收的女兒為妃。有一次，安德王到寵妃李家赴宴，臨別時，李妃的母親送給安德王兩個大石榴。但安德王不知是什麼意思，隨從人也都不知何意，把石榴扔了。這時有個叫魏收的大臣說：「石榴房中多子，王新婚，李妃母欲你們婚後子孫眾多。」安德王聽後很高興，又讓人把石榴拾起。後世結婚送石榴，祝「多子多福」便成風俗。民間婚嫁時，常於案頭或新房置放幾個露出紅色漿果的石榴，寓意新婚吉祥，婚後多子。傳統吉祥圖案「榴開百子」就是用來祝新婚吉祥多子的。俗傳古代女多喜穿榴花般紅色的裙子，因男女恩愛，便有「拜倒在石榴裙下」之說。後來，又用來比喻男子經不住女子誘惑而入迷途。

　　石榴花、果並美，又為吉祥物，不僅受到人們的喜愛，而且得到眾多詩

人的歌詠。宋楊萬裏有《詠石榴花》詩：「不肯染時輕著色，卻將密綠護深紅。」用擬人的手法，寫密綠的葉叢護著深紅的石榴花，別有情趣，賦有吉意。

古人不僅把石榴作婚育祝子的吉祥物，還作貢品和禮品。民間有把石榴、佛手、桃三大吉祥果繪於一圖的「華封三祝」吉祥紋圖。

關於「華封三祝」還有一個傳說故事。相傳堯有一天到華地巡遊，華地的封人（管理地方的官員）向堯獻祝頌詞曰：「唯願聖人多福、多壽、多男子。」堯聽了搖頭擺手說：「不敢不敢，多男就要多為他們操心，多福就會引出很多麻煩事來，多壽就會碰上許多不如意的恥辱，還是免了吧！」

華地的封人回答道：「天生了人，必要讓他們有事去做，每個男子都有事做了，還有什麼可操心的呢？

富了的人把富餘的財物分給大家，讓人們都富足，又有什麼麻煩呢？天下安樂，與民同樂；天下不安，努力修德，千年之後，歸天去了，還會有什麼恥辱呢？」堯認為華地的封人答得很好很對，連連點頭。這一席先人的對話便給後人留下了「華封三祝」之美談，也給後人以很多啟示。後遂以「華封三祝」為祝福「多福、多壽、多子孫」之辭，通常用石榴、佛手、桃三大吉祥果組合「福壽三多」吉祥紋圖，也含「三祝」之頌，以「佛手」寓多福，以桃寓多壽，以石榴寓多子孫。也有的以南天竹配上其它兩種吉祥物取「竹」的諧音「祝」來湊成，表達「三祝」的文化含義。

萱草亭亭解忘憂

——萱草與婚育吉祥文化

　　萱草屬百合科多年生宿根草本植物，又名忘憂草、宜男草、黃花菜、金針菜、鹿蔥或紫萱等。它夏秋季開黃花或紫紅花，氣味清香，花姿豔麗，花開成束，綠葉成叢，有一定的觀賞價值，還是營養豐富的滋補佳品。其花可做菜，根可入藥。因有忘憂、療愁、宜男的作用而被人們視為吉祥物。

　　萱草作為吉祥物的主要文化含義有兩個方面。一是忘憂、療愁。晉張華《博物志》云：「萱草食之令人好歡樂忘憂思，故謂之忘憂草。婦人有孕，佩其花則生男，亦名生男草。」《莊子》云：「萱，令人忘憂，草也。」《太平御覽》引《神農本草經》云：「萱草，一名忘憂。」又引《述異記》云：「萱草，一名紫萱，又名忘憂草，吳中書生謂之療愁。」

　　萱草能解憂、療愁的俗信由來已久，《詩・衛風・伯兮》云：「焉得諼草，言樹之背。」詩中的「諼草」即萱草。朱熹注云：「諼草令人忘憂。」這說明，在我國商、周時期已傳萱草可解憂、療愁了。

　　萱草為什麼可以解憂療愁呢？主要還是萱草有觀賞價值，因為萱草花開時，亭亭玉立、美麗俊秀、花姿清逸、香味芬芳，可以使觀賞者賞心悅目，流連忘憂。故唐代大詩人白居易有詩云：「杜康能散愁，萱草解忘憂。借問萱蓬杜，何如白見劉？」意思是說杜康酒可以消愁，萱草能解憂，但總不如和老朋友劉禹錫相見歡樂。宋代大詩人蘇東坡也有《詠萱草》詩：

萱草雖微花，孤秀能自拔。

亭亭亂葉中，一一芳心插。

詩人把萱草細膩傳神地描繪了下來。唐代詩人李嶠亦有《萱》詩云：

屢步尋芳草，忘憂自結叢。

黃英開養性，綠葉正依籠。

色湛仙人露，香傳少女風。

還依北堂下，曹植動文雄。

　　詩中說人們在庭院附近栽植萱草，觀賞把玩，流連不捨，才得以忘憂療愁。由此可見，萱草忘憂是因為其有較高的觀賞價值。

　　萱草作為吉祥物還有一個雅號叫「宜男」。其另一主要文化含義是有助於孕婦生男孩。三國魏曹植還專門寫有《宜男花頌》詩：「草號宜男，既曄且貞。其貞伊何？惟乾之嘉。其曄伊何？綠葉丹花。光彩晃曜，配彼朝日⋯⋯福濟太姒，永世克昌。」晉張華《博物志》亦云：「婦人不孕，佩其花（指萱草花）則生男。」《風土記》云：「宜男，草也。高六七尺，花如蓮，宜懷妊婦人，佩之必生男。」萱草宜男，沒有科學根據，不可信。佩戴其花必生男，更沒有科學道理。但是在俗信多子多福的封建社會裏，這一信仰正迎合了人們求子祈吉的心理，因而萱草成為吉祥物，並廣泛流傳。傳統吉祥圖案「宜男益壽」畫的就是宜男草和壽山石。紋圖有萱草與石榴的則稱為「宜男多子」。

　　此外，古代人們還常以萱代稱母親，椿、萱並稱代指父母。舊時，人們把萱草常植於北堂之畔，因「北堂」為母親所居之處，故又稱「萱堂」，與代指父親的「椿庭」對稱。如明代「四大傳奇」戲劇朱權的《荊釵記》有：「不幸椿庭殞喪，深賴萱堂訓誨成人。」是說王十朋父親早喪，完全靠母親教養成人。唐牟融《送徐浩》詩云：「知君此去情偏切，堂上椿萱雪滿頭。」是說詩人牟融送好友徐浩歸鄉，知道徐浩父母年歲已高，思念父母情切。「雪滿頭」比喻年紀大，頭髮全白。把萱草代稱母親，亦是由上面的兩個含義引申而來，更增加了萱草的文化內涵和吉祥用意。

麒麟送子納祥瑞
——麒麟與婚育吉祥文化

　　麒麟是古代傳說中的神獸、仁獸，又是民間吉祥之獸，世代受到人們的普遍喜愛，並作為吉祥文化的意象得到尊崇。

　　其實，世間並沒有麒麟，和龍、鳳一樣，麒麟是由人虛擬構思而成。據古籍記載，麒麟是集羊、鹿、馬、牛、狼、麋、獐等走獸特徵於一身，外表猙獰怪異，內在仁厚溫順的獸中之王。《毛詩義疏》載：麟，麋身，馬足，牛尾，黃色，圓蹄，一角，角端有肉，音中鍾呂。背毛五彩，腹毛黃，不履生草，不食生物，聖人出，王道行則見。《爾雅》云：「麟，麋身，牛尾，一角。」《說文解字》釋曰：「麒，仁獸也，麋身牛尾，一角。麟，牝麒也。」《說文解字》已把雄稱麒，雌稱麟，有了性別的區分。

　　麒麟的形象也是隨時代的變遷而不斷變化，宋代麒麟已由原來的麋身，變成虎獅之軀，有鱗甲，頭部也由早期的馬首、鹿首變為虎、獅之首。明、清時，又變為龍首。現代麒麟的造型改為龍首、鱗甲、鹿身、鰭背、獅尾、馬足。麒麟出身也不平凡，《春秋運斗樞》云：「機星散則得麟生。」《春秋保乾圖》云：「歲星散為麟。」看來，麒麟果為神獸。

　　麒麟為神靈之獸，是仁獸、瑞獸。其居「四靈」（麟、龍、鳳、龜）之首。相傳麒麟出現是「聖王之瑞」。《毛詩義疏》：「王者仁則出。」《宋書·符瑞志》載：麒麟者，仁獸也……含仁而戴義，音中鍾呂，步中規矩，不踐生蟲，不折生草，不食不義……明王動靜有儀則見。牡鳴曰逝聖，牝鳴曰歸和，春鳴曰扶幼，夏鳴曰養綏。《說苑》講得更全面：含仁懷義，音中律呂，行步中規，折旋中矩，擇土而後踐，仁平然後處，不群居，不旅行，紛兮其文質也，幽間循循如也。因麒麟能成「五行之精」，可活三千歲，世上不常見，見則是帝王施德政，天下太平的瑞兆。該書還記有周武王推翻紂王，建立周朝，因制禮作樂，天下大治。故見「麒麟游苑，鳳凰翔庭」之瑞象。周成王曾作歌詠之：「余何德兮於感靈……於胥樂兮民以寧。」相傳漢武帝因獲白麒麟，更改年號，還令丞相蕭何在長安宮內築麒麟閣。漢宣帝時，又畫霍光、杜延年、韓增、張安世、趙充國、蘇武、劉德等11位元功臣的圖像掛於閣內，以表彰他們對大漢王朝所作出的功績和貢獻。後來「麟閣畫像」也成為歷代文臣武將追求建功立業的至高無上的榮譽。因此，杜甫有詩云：「今代麒麟閣，何人第一功？」漢宣帝還用黃金鑄麟足馬蹄形以紀念之，故稱「麟趾金」、「馬蹄金」。宋太宗也因獲麒麟，群臣賀之。因此歷代帝王都喜愛麒麟，視麒麟為王者的「嘉瑞禎祥」的象徵，藉此來粉飾太平，歌頌盛世。

　　如此相反，麒麟被人捕獲或射殺，則預示王室將亡，天下易主的凶兆。《春秋·哀公十四年》載：魯哀公十四年，國君率臣僚在大野澤打獵時捉到一隻獸，都不知道這是什麼獸，孔子見到這只獸後歎曰：「這是神獸麒麟啊，你為什麼這個時候出來呢？」因孔子一輩子不為世所用，這個時候更感絕望，悲泣著說：「吾道窮矣！」意思是說自己的主張、理論學說全完了。

　　周王朝即將滅亡。這就是「孔子泣麟」的典故。麒麟被捕七天後，孔子真的便死了。他所撰的《春秋》也因此成為絕筆，故後人稱《春秋》為「麟經」、「麟史」。因此，李白《古風（其一）》詩云：「希聖如有立，絕筆於獲麟。」

　　麒麟的更重要的文化意象是，其為送子的神靈之物，是吉祥的瑞獸。相傳，孔子與麒麟緣分較深。孔子本人就為麒麟所送。晉王嘉《拾遺記》載：「有麟吐玉書於闕裏人家。」相傳孔子的父母有感於無子嗣擔當祀事，在尼山祈禱盼望有個兒子。不久，奇跡出現了：一天夜裏，孔子的故居曲阜闕裏，出現了一隻麒麟，嘴裏吐出一方帛，上面寫著：「水精之子，衰周而素王，徵在賢明。」第二天，麒麟不見了，孔子就來到人世。這就是「麒麟送子」、「麟吐玉書」典故的由來，象徵祥瑞降臨，早生貴子，子孫賢德，聖賢誕生。如《陳書·徐陵傳》載：

　　時寶志上人者，世稱其有道，陵年數歲，家人攜以候之，寶志手摩其頂，曰：「天上石麒麟也。」因此杜甫有《徐卿二子歌》：「君不見徐卿二子生奇絕，感應吉夢相追隨，孔子釋氏親抱送，並是天上麒麟兒。」所以，人們也都喜歡用「麒童」、「麟兒」來稱呼孩子，讓孩子戴打製有麒麟的長命鎖，希望孩子長命百歲，聰明伶俐（「伶」為「麟」的諧音）。

　　民間春節時，結婚的新房都喜歡貼「麒麟送子」、「麟賜貴子」的年畫或剪紙，一方面祈願早生貴子，子孫賢達，祥瑞降臨；一方面增加吉祥喜慶氣氛。江南很多地區春節時，人們抬著用竹紮的麒麟敲鑼打鼓，到各家去拜年，那些剛結婚的媳婦和未生育的婦女都爭著去摸麒麟的尾巴或鬍子，俗信這樣可以早得貴子，民間稱為「麒麟送子」。《詩·周南·麟之趾》篇以「麟之趾，振振公子，於嗟麟兮」等語來讚美周文王子孫昌盛、賢能知禮。

　　後遂用「麟趾」來比喻子孫的眾多與賢能，用「麟趾呈祥」作祝賀新婚之詞。

　　在古代傳統農業社會，民間固守「不孝有三，無後為大」的觀念，以麒麟為崇拜的神物，祈求傳宗接代，子孫賢能，綿延不絕，這是一種傳統的婚育文化信仰。今天，雖然已進入信息社會，但麒麟的這種文化象徵意義仍被人們所看重。由此可見國人的「傳宗接代」、「子孫賢能」的觀念和信仰之根深蒂固。

綿綿瓜瓞果累累
——瓜果與婚育吉祥文化

　　瓜為蔓生植物所結的果實，種類繁多，大致可分為果瓜、蔬瓜兩種。果瓜如西瓜、甜瓜等，蔬瓜如黃瓜、南瓜等。瓜作為傳統婚育吉祥物，主要有兩方面的文化含義。

　　瓜果具有藤蔓綿長、結實累累、瓜子眾多的特點。因此，在上古時期已

成為子孫繁盛、興旺發達、賢能多德的象徵。《詩・大雅・綿》：「綿綿瓜瓞，民之初生，自土沮漆。」疏曰：「大者曰瓜，小者曰瓞。」

關於「綿綿瓜瓞」，這裏還有一段故事。殷商時期，古老的姬姓定居於豳（今陝西旬邑）一帶，從事農業生產。可是游牧民族的戎狄部落垂涎於這塊肥沃的土地，不斷挑釁。姬姓部落首領古公亶父向戎狄獻禮講和不成，決定離開這裏。古公亶父率領族人越過漆、沮和梁山，來到周原，他們便在這裏開墾耕種，自稱「周人」。後來不斷強大，建立了取代殷商的周朝。在開國慶典上，周人一邊舉杯慶賀，一邊高唱：「綿綿瓜瓞，民之初生，自土沮漆……」是歌頌古公亶父開拓疆土，建立周朝，周族像瓜瓞一樣世代綿長，子孫相傳。這也就是「綿綿瓜瓞」典故的由來。因此元耶律楚材《和冀先生韻》詩中云：「宗親成蒂固，國祚等瓜綿。」

由於瓜的這一特點和文化含義，民間很多婚育習俗都與瓜果有關。如「偷瓜送子」的習俗，就是很多地方在中秋賞月的時候，夫婦沒有生孩子者，就相伴悄悄到地裏去偷瓜，以求得子，俗稱「摸秋」。湘西，中秋之夜，新婚或熱戀的情人一塊去偷瓜吃，寓意婚後多生孩子。因此，「綿綿瓜瓞」成為祝願子孫昌盛、興旺發達的吉祥紋圖和祝語。

「吃瓜得子」的習俗是說江南地區，清明那天，還沒有生孩子的夫婦，早上買一個大南瓜入鍋煮爛，到中午，夫婦並肩同坐共食之，俗傳很快就會懷孕生子。在我國福建中部山區也有一種「偷南瓜」的婚俗。中秋節之夜，專門有人偷來南瓜送到還未生育孩子的夫婦家中，夫婦就好酒好茶招待，並把偷來的南瓜煮熟後分給大家吃。而主婦要吃那塊帶蒂的南瓜，因「南」與「男」諧音，帶蒂亦喻男，故俗傳吃了帶蒂南瓜會早生貴子。在我國，瓜與婚

育相關的俗語也很多，如「種瓜得瓜，種豆得豆」、「瓜好子多」等。這些均反映了人們「多子多福」的婚育信仰和觀念。

瓜果的另一文化含義是它起自上古的「投瓜求愛」的風俗。在遠古時代，男女往往以投瓜、贈瓜作為愛情的表達方式。早在《詩‧衛風‧木瓜》中就有：

> 投我以木瓜，報之以瓊琚。匪極也，永以爲好也。
> 投我以木桃，報之以瓊瑤。匪報也，永以爲好也。

可見商周時期，女子就以木瓜、桃子作為求愛的信物。男子往往就以瓊琚、瓊瑤等玉石回報之，相互傳情，來表達彼此愛慕之情。

壺中自有日月天
——葫蘆與婚育吉祥文化

葫蘆為蔓藤植物所結的蔬果，又稱壺盧、蒲盧、匏瓜、瓠瓜等。葫蘆藤蔓綿延，結果累累，子粒繁多，被民間視為子孫繁茂、萬代綿延的婚育文化吉祥物，所以受到人們的喜愛。

葫蘆受到人們的喜愛，首先是其具有較強的實用價值。葫蘆嫩時可以食用，老葫蘆可以剖開作汲水、盛物的用具，或作酒器。葫蘆的嫩葉也可做菜、湯，稱「瓠羹」。《詩‧小雅‧瓠葉》云：「幡幡瓠葉，採之烹之。君子

有酒，酌言嘗之。」另據明李時珍《本草綱目》介紹：「長瓠、懸瓠、壺盧、瓠瓜、蒲盧，名狀不一，其實一類各色也。處處有之，但有遲早之殊……竅謂壺瓠之屬，既可烹曬，又可為器。大者可為甕盎，小者可為瓢樽，為舟可以浮水，為笙可以奏樂，膚瓤可以養豕，犀瓣可以澆燭，其利溥矣。」此外，葫蘆還可作藥用，有消腫除煩、治熱潤肺、消渴解毒的功效。葫蘆的殼、蔓、根均可入藥。

有一種細腰葫蘆古時用來裝藥，稱「藥葫蘆」，俗語「葫蘆裏裝的什麼藥」就是說的這種葫蘆。舊時中藥鋪和老中醫就以葫蘆為招幌掛於門前，稱「懸壺」。

葫蘆作為吉祥物，除實用價值外，更主要的是它有著豐厚的文化蘊涵。

葫蘆曾是先民們作為孕育人類和生命的「原始母體」。在距今七千年以前的原始母系氏族社會的遺址和距今六七千年前的西安半坡遺址所發掘的陶器，就是依據葫蘆的形狀制成的，說明了先民們對葫蘆的民俗信仰和崇拜。葫蘆遠古時曾作為造人的素材和人類躲避洪水的工具，幫助人類渡過洪水的災難，是拯救人類始祖的聖物、神物。所以許多民族都把葫蘆作為民族的保護神來崇拜和信仰。苗族、白族、彝族都有這方面的創世神話故事流傳。發掘的古代這些葫蘆形陶器也多作禮器，而且是主男女婚姻、夫婦之始的禮器。《禮記・郊特牲》云：「器用陶匏尚禮然也，三王作牢用陶匏。鄭（玄）氏注曰：『此謂大古之禮器也……用大古之器，重夫婦之始也。』」古人還以匏象徵天地，認為天地混沌如雞子或如葫蘆。《禮記・郊特牲》曰：「器用陶匏，以象天地之性也。」賈公彥疏：「郊特牲雲，天地合後萬物興焉，是夫婦半合胤子所生焉，是半合為一體也。」葫蘆象徵天地，天地而生萬物，這正

是說人類希望像天地一樣，陰陽相合、子孫繁茂。古代以匏為婚禮禮器，反映出先民以葫蘆而始生人類的原始信仰。

古時男女結婚還以破瓢為二來象徵夫婦好合，意為夫婦是「半合為一體」，是一分為二，合二為一的生命共同體。《儀禮·喪服》云：「夫胖合也。」是希望男女像天地、陰陽相合而生，繁茂子孫。舊時結婚時男女需喝「合巹酒」（又稱交杯酒）。《禮記·昏義》云：「共牢而食，合巹而，所以合體同尊卑，以親之也。」合巹的原意正像漢鄭玄所注：「破瓢為巹也。」又孔穎達疏：「巹謂半瓢，以一匏分為二瓢，謂之巹，婿之與婦，各執一片以，故云合巹而。」就是取匏瓜破為兩半，夫婦各取其一而飲酒的意思。

葫蘆作為婚育吉祥物的文化意象，還有其腹圓多子的外形特徵。因懷孕婦女同葫蘆很相像，文學大師季羨林在《關於葫蘆神話》中稱此為「葫蘆胎」。婦女懷孕肚裏有胎兒，葫蘆裏面有子，很相似，從而引申出葫蘆造人的神話。因此說葫蘆與人類的孕育、生存息息相關，是葫蘆孕育了人類，是人類的母體。所以，自古即形成了一些耐人尋味的祭祀、禮儀的習俗，如商周時祭祀所用的陶香爐其造型均為葫蘆形。《通考》云：「周之始，（祭）器用陶匏，以象天地之性，報本返始也。」

葫蘆還是道家的法器，是道士所用的靈物、神物。所以，道家稱理想的仙境為「壺天」，認為海上仙山「形如壺器」。篤信道教的唐代大詩人李白有《飛途歸石門舊居》詩云：「何當脫屣謝時去，壺中自有日月天。」很多道士都與葫蘆有密切聯繫，八仙之一的鐵拐李，行游四方，手拄鐵拐，背上始終背著個大葫蘆，他就是用這葫蘆中裝的靈丹妙藥來救世濟民。八仙中的張果老腰間掛的葫蘆也是須臾不離。太上老君所拄的龍頭拐杖上也總是係著葫

蘆。南極老人壽星的龍頭拐杖上也係著一個大葫蘆。清褚人穫《堅瓠集》中還引有一則《葫蘆棗》的故事：有一農家門前植有兩棵棗樹。秋天棗子熟時，一道士乞食經過此處，村婦任其撲打食用。道士臨走時把身上所帶的葫蘆掛在棗樹上，道過謝離去。第二年，棗樹上結出像　葫蘆一樣大的棗。

民間還俗信葫蘆是天地的微縮，裏面有種靈氣，是避邪袪祟、祥瑞護身的吉祥物。相傳舊時，很多地方人們常把葫蘆掛在門頭上，用以驅邪。黃河流域民間每到端午節前，剪「吉祥葫蘆」在農曆五月初一貼於門窗上，俗信葫蘆可收天地間的一切邪氣，保家宅平安、人畜興旺。現在有些小孩脖子或手臂上所帶的護身符仍用金、銀或骨、玉石等做成葫蘆形，寓意讓小孩除災避邪、長命百歲、健康成長。山東民間現在仍有身攜彩刻葫蘆的習俗，以作避邪護身的吉祥物。

拉祜族的姑娘少婦們都喜歡在衣領、袖口、裙邊、圍裙邊、頭巾邊，用彩線繡葫蘆花紋，視為吉祥，認為魔鬼不敢近身。山西有民謠：「童子騎葫蘆，五毒瓶裏收。」「三月三，楊柳會，五毒鎮在葫蘆內。」

葫蘆藤蔓綿延，結實累累，子粒繁多，古時多作祝賀婚育祈子的吉祥物。因「蔓」取諧音為「萬」，寓意萬代綿長。民間有「子孫萬代」紋圖，就是藤蔓纏繞中一個大葫蘆上結數個小葫蘆，象徵子孫繁茂、萬代綿長。黃河流域民間婚俗就多剪葫蘆頂棚花，以示綿綿瓜瓞、子孫萬代之意。葫蘆在民間至今作為婚育吉祥物仍被廣泛使用，充分說明其文化內涵之深遠。

大慈大悲觀世音
——送子觀音與婚育吉祥文化

在中國民俗信仰中被人們奉祀最多的要數觀音菩薩了，特別是在婦女心
目中，對觀音菩薩的崇拜甚至超過佛祖釋迦牟尼。所以在各寺廟諸神中，觀
音菩薩的造像最多，享受的香火也最盛。此外，在人們家中供奉的木雕、陶
瓷、畫像等各類觀音菩薩也最為普遍。在佛教中，有「三十三觀音」的說
法，但在百姓心目中「送子觀音」最受人們的崇拜和敬仰。

觀音是梵文的意譯，梵名為「阿縛盧枳低溫伐羅」，意譯為「觀自在」、
「觀世自在」、「光世音」、「觀世音」。唐代時，因避唐太宗李世民的「世」字
之諱，被簡稱為「觀音」，俗稱為「觀音菩薩」、「觀音大士」。觀音是阿彌陀
佛的左脅侍，「西方三聖」之一，也是漢化佛教四大菩薩之一。據《妙法蓮華
經》講，觀音菩薩是大慈大悲的菩薩，能現三十三化身，救十二種大難。如
果人們遇難時，只要喊其名字，讓她觀到「世音」，就會前來救助，所以又美
名為「大慈大悲救苦救難觀世音菩薩」，簡稱為「大悲」。南北朝時，觀音已
受到人們的普遍信仰。唐宋以後，觀音菩薩更深入人心，並成為漢化佛教的
代表。特別是她大慈大悲、普度眾生的博大胸懷，千百年來得到無數善男信
女的頂禮膜拜。

觀音菩薩是從印度傳入中國的神仙，最初傳入時為男性形象，在敦煌佛
像畫中的許多觀音像，都有男性特徵，有的還有兩撇鬍子。《華嚴經》中就把
觀音作為威武的男性來描繪。自唐以後，觀音菩薩逐漸被女性化，如《釋氏
要覽》載：（南朝）宋、齊之間，（觀音）皆厚唇隆鼻，目長頤豐，挺然丈夫

之相。自唐以後，筆工皆端嚴柔弱似妓女之貌，如今人誇菩薩如宮娃也。

觀音開始非男非女多變化，據佛教解釋，菩薩既無生死，也無性別，根據對信徒教化的需要，菩薩可以自由變化，所以說觀音菩薩有三十三變之說。如《楞嚴經》曾記有，觀世音尊者白佛言：「若有女子好學出家，我於彼前見比丘尼（即尼姑）身，女王身，國王夫人身，大家童女身，而為說法。」因為觀音為了對不同性別、不同身份的人說法，所以，要變化多端，能夠眼觀六路，耳聽八方，及時普救眾生。現在人們看到的觀音菩薩的形象，已成為著白色仙衣、面帶微笑、溫柔端莊的美麗神女，這主要是受中國文化的影響演化而成。

在印度佛教中，傳說觀音本是一位國王的長子，名叫不煦，他還有一個弟弟叫呢摩。其父子三人都非常崇拜如來佛，願追隨如來出家入佛門修道，後來都修成正果，並稱為「西方三聖」。修成正果後，不煦向佛祖請求，自願普救受苦受難的眾生。佛祖答應了他的請求，並幫他改名為觀世音，意思就是時刻觀察人世間，聽到遇難者需救助之聲音，便立即前往解救。而自佛教傳入中國，受中國文化影響，結合中國文化民俗信仰，在北宋年間，又演繹出一個中國身世的觀音。

傳說春秋時期，楚莊王的第三個女兒妙善，非常聰明美麗，善良溫柔，端莊大方。楚莊王也最喜歡三女兒妙善，想給她找一個有勇有謀，能文能武，可擔當大任的夫婿，將來好繼承自己的王位。但妙善自小吃齋念佛，不願介入紅塵人世，更不想成婚，一心想削髮為尼。無論楚莊王怎麼勸說，她都不聽。楚莊王盛怒之下，想嚇嚇她，給妙善一把寶劍，讓她自刎。

妙善也很悲痛，沒想到父王會對她這樣狠，真的舉劍自刎，誰知寶劍還

沒碰上她的脖子，就斷為千節。楚莊王見狀，知是有神仙在保祐女兒，於是他更想讓女兒成婚後有人來接自己的王位，便軟硬兼施。誰知不管用什麼辦法，妙善始終不聽。楚莊王異常惱怒，令人把她悶死。妙善死後，靈魂來到陰間，閻羅王又使她在南海普陀山復活。復活時，妙善已成為站在水池中蓮花上的菩薩了。

後來，楚莊王病危，妙善不念舊惡，變為一個老僧前來為楚莊王診病獻方說：「治好大王的病需普陀山香山寺的香做藥引子。」楚莊王立即派人取來藥引子。楚莊王吃了藥後，病很快痊癒。

楚莊王為了謝恩，親自來到普陀山香山寺敬香拜佛時，方知救自己的正是已成為菩薩的三女兒妙善，內心很是愧疚。楚莊王為了彌補自己的過錯，表達對女兒的懷念，令天下最好的能工巧匠按女兒的形象塑造了一尊觀世音菩薩像，這就是後來人們看到的美麗端莊、溫柔慈善的觀音菩薩形象。傳說，從此浙江舟山群島的普陀山，成為觀音顯靈說法之地，唐宋開始就有大量善男信女來進香許願，非常靈驗。今天，這裏已作為佛教聖地和風景如畫的名勝旅遊地，吸引著大批遊人和香客。

隨著人們對觀音菩薩的敬崇，各地也紛紛在寺廟中塑立觀音菩薩像，觀音的造象形態也不斷增多，後來，發展到三十三種之多，故被稱為「三十三觀音」。但是，在這眾多觀音中，與人們關係最密切，也是人們最尊崇的還是送子觀音。因為，我國是一個非常重視傳宗接代、重視子嗣的國家，在封建社會，如果結婚後幾年沒有子嗣，全家人都會為此擔心、操心，特別是女性更害怕，不生育會遭人恥笑，抬不起頭來，甚至會被逐出家　門。於是就求助於神佛，這就是送子觀音。所以在舊時，各地都有祭祀觀音的寺廟，很多

家庭也在自己家的祠堂裏或家裏供奉觀音，祀望觀音給他們送來子女，保祐
他們家族人丁興旺、子嗣眾多。因此觀音菩薩成為家喻戶曉、家家尊拜敬崇
的送子吉祥女神。特別是農曆二月十九日，相傳是觀音菩薩的誕辰日，六月
十九日為她的成道日，九月十九日為她的出家日。這三個日子民間奉祀觀音
菩薩最熱鬧、最隆重。屆時善男信女都到寺廟朝拜，燃燭進香，或禱祝許
願，或還願施捨，可以說是熱鬧非凡，人山人海。清潘榮陛在《帝京歲時紀
勝》中就記有當時北京觀音廟會的盛況：「（農曆二月）十九日為觀音大士誕
辰，正陽門月城內觀音廟香火極盛，城內外白衣巷、觀音院、大悲壇、紫竹
林，廟宇不下千百，皆誦經聚會。六月十九日登蓮臺，九月十九日傳道妙，
如前行之。」

壽誕民俗
與吉祥文化

（一）傳統壽誕吉祥民俗文化

　　中國是個尊老敬老的禮儀之國，為長輩慶祝壽誕是子女們尊老敬老的重要禮節。一般50歲以上過生日才稱壽誕（俗稱做壽），特別是逢「十」整歲的壽誕更加重視，格外隆重。《尚書·洪範》已將人生吉祥如意之事概括為五大類，稱為「五福」：「五福，一曰壽，二曰富，三曰康寧，四曰攸好德，五曰考終命。」在我國傳統的五福中，壽為第一位。可見，先民們很早就將長壽視為一切吉祥之事的前提。所以，健康長壽是每個人畢生追求的目標。

　　我國傳統的壽文化源遠流長，與民族、宗教、禮儀、風俗等都有密切的關係，是我國歷史非物質文化遺產的一部分，至今對現代社會仍產生著較大的影響。現代，隨著人們的物質生活水準的逐步提高，也隨著禮儀和人際交往的需要，人們越來越重視過生日，特別是小孩的生日和老人的壽誕更被重視。松齡鶴壽過生日時一般要買上一盒生日蛋糕，插上蠟燭，全家人團聚一

堂，為過生日者說上一些吉祥的祝福話語。如果遇上長輩逢十的大生日，則
更加隆重，都要在飯店擺上幾桌宴席，晚輩一個一個為老人祝壽，大大地慶
賀一番。今天，年輕人過生日，朋友、同學們聚在一起，往往是以舞會、派
對的形式，已滲入了西方的文化色彩。如果是戀人過生日，對方都要想出別
具一格的方式，來表達對對方的愛慕之情。

在我國古代，給老人過壽誕十分隆重，形式繁縟復雜。做壽禮儀式都在
中堂舉行，中堂上方要掛一個大大的「壽」字，或一個老壽星的畫像，兩邊
要貼上諸如「福如東海長流水，壽比南山不老松」之類的壽聯，四周陳列親
友饋贈的壽幛、壽聯，中堂香案上擺滿象徵長壽的壽桃、壽糕。香案上的壽
燭高照，壽堂內張燈結綵，很是熱鬧。做壽這天，親戚、朋友、晚輩都要攜
帶壽禮來祝壽。傳統的壽禮有壽幛、壽聯、壽桃、壽麵、壽糕等。壽幛、壽
聯上多寫「松齡鶴壽」、「壽比南山」、「六福團壽」等賀壽的吉祥用語。壽桃、
壽麵等多為自己做或去市場上買。現代為長輩祝壽禮品多以蜂乳、人參等高
級營養品為主。

古代還有送茶祝壽的禮儀。送茶還寓有一定的文化含義。茶，草字頭為
雙十，即二十。中部是八，下部是木，木為「十八」，合起來為八十八。再加
上草字頭的二十，共是一百零八歲。用茶祝壽，不僅有享盡天年的祝願，而
且茶可防病養生，對長壽也有作用，這樣就含有了兩層意思。

拜壽開始，「老壽星」（此時晚輩都稱長輩為老壽星）穿上新衣，坐在中
堂上，接受親友和晚輩的叩拜和祝賀。叩拜祝賀時還要說些祝賀吉祥長壽的
話語，如「祝某某，福如東海，壽比南山！」「祝某某，健康長壽，萬壽無
疆！」「祝某某，幸福健康，福壽綿長！」……

拜壽儀式結束，就擺席設宴招待來賓，叫「吃壽酒」。在壽宴上，還有一道為壽星「獻酒上壽」的禮俗。這個禮俗早在我國春秋時期已有。如《詩·豳風·七月》云：「九月肅霜，十月滌場，朋酒斯饗，曰殺羔羊。躋彼公堂，稱彼兕觥，萬壽無疆。」詩中說，九月開始下霜，十月打掃庭院，一年農事忙完後，人們便殺羊做酒，來到主人公堂，舉杯祝主人萬壽無疆。詩經中還有一首《詩·小雅·天保》云：「如月之恆，如日之升。如南山之壽，不騫不崩。如松柏之茂，無不爾或承。」這是古代臣子向主人祝壽時所說的話，意思是你像月亮一樣持久，像太陽一樣永恆，像南山一樣長壽，像松柏一樣四季常青。壽宴上祝酒，因「酒」與「久」諧音，祝酒就是祝久，即祝壽康永久之意。

壽宴上最後一道是吃壽麵。在江南一帶吃壽麵時，晚輩在沒吃之前都要先從自己碗裏挑出數根麵條送到壽星碗裏，這叫「添壽」，以表達晚輩對長輩的孝敬、祝願之意。

祝壽為什麼吃壽麵呢？相傳濫觴於漢武帝與大臣們開的一次玩笑。有一次，漢武帝向大臣們說：「人的壽命與人中有很大關係，誰的壽命長，他的人中也會長。」此時，東方朔調侃說：「彭祖活了八百歲，他的人中一定很長，那他的面孔不知會有多長？」因面孔與麵條都是「面」，故民間就以為吃麵條會長壽。這種說法太牽強附會。民間還有一種說法，麵條形狀綿長不斷，使人聯想到長壽。《清稗類鈔》云：「……麵條長，取其綿綿不斷長壽之意也。」由此，做壽吃麵條的習俗便沿襲下來。

古代關於給長輩拜壽的情景，《紅樓夢》電影和電視連續劇裏，賈府裏的眾人給賈母拜壽的場面較真實，從中我們可以瞭解到古代拜壽時的禮俗。

舊時給老人和長輩做壽，一般都是由子孫出面張羅。祝壽規模視家庭經濟狀況和社會地位而定，這與婚禮一樣，富貴人家或官宦之家都比較講究、比較隆重，貧苦百姓之家禮儀就簡單多了。

傳統做壽時都少不了有壽桃，有時用真桃，有時因季節原因沒有真桃，則用面做的壽桃代替。

為什麼古代祝壽時要用壽桃呢？這裏有個故事。《漢武帝內傳》載：相傳七月七日夜七刻之時，西王母乘紫雲車來到人間，送給漢武帝五個仙桃。漢武帝吃後感覺味美無比，連聲稱好，便小心翼翼地把桃核收起。西王母見後問武帝留桃核何用。武帝說：「我想留桃核再種，今後就可以常吃仙桃了。」西王母笑對武帝說：「此桃三千年開花，三千年結果，留桃核在人間也沒有用。」武帝無奈，連連搖頭。後來，仙桃便成了長壽的象徵，祝壽必有壽桃的習俗也一直流傳下來。明吳承恩《西遊記》第五回中就記有孫悟空大鬧西王母蟠桃會的情節。

古代帝王為了永統江山，都千方百計祈求長壽。他們除尋求長生不老之方外，還利用手中至高無上的權力，讓全國人民都為他祝壽。封建社會把皇帝的誕辰日稱「聖壽節」。我國歷史上第一個把自己的誕辰日定為聖壽節，舉行全國慶賀的皇帝是唐玄宗李隆基。唐玄宗本為一個風流天子，開元十七年（729年），丞相張說等上奏，請將皇上的誕辰日（八月初五）定為「千秋節」，並布之天下，全國宴樂，歌舞昇平，以祝皇上萬壽無疆，大業千秋。這明顯是阿諛奉承之奏，但唐玄宗心悅，便親筆批覆，千秋節全國休假三天，朝野上下共同舉行慶祝皇上壽誕的活動。這一天，王公大臣們還要向皇上獻珍寶、器玩、甘露、壽珠等各類祝壽禮品，皇上也頒賜下臣金鏡、珠囊、綿

帛等，以表聖恩。

　　自唐玄宗以後，唐、宋兩代皇帝都為自己的壽辰制定出專門的節日，唐肅宗的壽誕為「天成地平節」，唐武宗的壽誕為「慶陽節」，唐宣宗的壽誕為「壽昌節」，唐昭宗的壽誕為「嘉會節」，宋太祖的壽誕為「長春節」，宋太宗的壽誕為「乾明節」，宋真宗的壽誕為「承天節」，宋仁宗的壽誕為「乾元節」，宋英宗的壽誕為「壽聖節」，等等。宋以後，各地官員也紛紛傚仿。這種壽誕已經成為一些官員巧立名目、巧取豪奪的受禮之藉口。據史料記載：天寶年間，神泉縣縣令十分貪婪，剛上任不久，就貼出一張告示，說某月某日是他的生日，請大家不要送禮。縣令公開生日不是巧找藉口明讓人送禮嗎？下吏誰敢不送。生日那天所有壽禮他均一一笑納。想不到，沒過幾天，他又如法炮製，說他妻子生日，請大家不要送禮。如此這般，讓下吏屬僚們叫苦不迭。

　　但是，也有聖明天子不贊成把自己誕辰設為節日進行慶賀的。唐太宗李世民就堅決反對為自己做壽。據《唐實錄》記載：貞觀二十年（646 年），十二月八日為唐太宗壽誕，他不僅不讓辦壽禮，反而十分痛苦地對下臣說：「今日吾生日，世俗皆為樂，朕反成感傷。詩云：『哀哀父母，生我劬勞。』何以劬勞之日，更為燕樂乎？」唐太宗在自己生日這天不僅沒有設酒宴歡樂，反而想到父母為生育自己所付出的艱辛勞苦。李世民這種生日孝親思想，正是我國儒家敬老孝老的傳統壽誕文化思想，這是我們應該繼承傳揚的。

　　由於人們比較重視壽誕，所以民間又產生不少壽誕的禁忌。如民間普遍流行有 73 歲、84 歲做壽誕之避諱。俗話說：「七十三，八十四，閻王不請自己去。」「七十三，八十四，閻王請去商量事。」意思是說這兩個歲數是人的

生命之坎，是人生的關口，俗稱「壽關」，要特別注意。據說，這種說法與孔子和孟子兩位聖人有關。相傳孔子 73 歲去世，孟子 84 歲去世。俗說既然連聖人都難過此關，一般老百姓就更不用說了。此外，還有「明九」、「暗九」之說。明九是指帶九的年齡數，如 59、69、79；暗九是指 9 的倍數年齡，如 54、63、72、81。古人認為這些帶 9 或 9 的倍數的年齡都是人生關口，為順利渡過關口，就採取各種方法來禳解排除，如女兒送父母紅色衣褲、紅腰帶等。民間認為紅色有避邪驅凶的作用，現在很多地方仍流行這種民俗。我國民間也有些地方祝壽時，有做九不做十的，做虛歲不做實歲的民俗。也就是應該在 50、60、70、80、90 等做的整十歲的壽誕，故意提前到虛歲 49、59、69、79、89 來做，這是民間認為「十為滿，滿則招損」，有不吉利之意。另外，「十」與「死」諧音。而在人們心目中認為「9」為吉利數字，「9」與「久」諧音，寓意生命長久，延年益壽。

中國壽文化極為豐富，古時關於壽誕還有很多美稱，如 60 歲稱花甲，70 歲稱古稀，80 歲稱耄耋，90 歲稱鮐，100 歲稱期頤。另外 77 歲稱喜壽，88 歲稱米壽，99 歲稱白壽。下面分別對這些美稱作以解釋。

花甲：指人進入 60 歲的年齡段，指六十甲子，來源於古代用天干地支來計算年齡的方法。天干地支依次迴圈組合為 60 個紀序名號，從甲子到癸亥一個輪迴，故稱「花甲」或「甲子」、「花甲子」。宋范成大《丙午新正書懷》詩之一：

行年六十舊歷日，汗腳尺三新杖藜。

祝我勝周花甲子，謝人深勸玉東西。

　　人活 60 年滿一甲子，就意味著度過天地宇宙一個周期，有了很多經歷，明白了很多事理。

　　60 歲又稱「耳順之年」。語出《論語・為政》：「子曰，『吾十有五而志於學，三十而立，四十而不惑，五十而知天命，六十而耳順』。」就是說，人到 60 歲，能夠明察分辨，聽得進各種逆耳的言辭，為人處世已經成熟。

　　60 歲還稱「耆」或「耆年」。《禮記・曲禮》上云：「六十曰耆，指使。」

　　古稀：指進入 70 歲的年齡段。語出唐杜甫《曲江》詩之二：「酒債尋常行處有，人生七十古來稀。」亦作「古希」。明李贄《觀音閣》詩云：「如何古希人，不識三伏苦。」古代認為人活到 70 歲已不容易，很稀少了。

　　70 歲還稱「杖國」。《禮記・王制》曰：「七十杖於國。」是說 70 歲可以拄拐杖行走於國都。70 歲又稱「從心之年」。語出《論語・為政》：「七十而從心所欲，不逾矩。」是說人到 70 歲時，心裏想做什麼就做什麼，不違反禮制規矩。

　　六七十歲又稱「耆老」。《國語・吳語》云：「有父親耆老而無昆弟以告。」注：「六十曰耆，七十曰老。」合稱六七十歲的老人為「耆老」。

　　耄：80 歲稱耄。《詩・秦風・車鄰》：「逝者其耄。」毛亨傳：「耄，老也，八十曰耄。」耄，也泛指老年人，與耋連用，稱「耄耋之年」，指七八十歲高齡老人。漢蔡邕《漢交趾都尉胡府君夫人黃氏神誥》云：「登壽耄耋，用永蕃變。」亦稱「耄期」，宋蘇軾《答範端明啟》云：「耄期稱道，直亮多聞。」

　　齯：指 90 歲的老人。是說老年人牙齒落盡後又生如小兒般牙齒，故稱。《釋名・釋長幼》：「九十曰鮐背……也曰齯，大齒落盡更生細者如小兒齒也。」又稱「鮐背」，鮐背即河豚，鮐背是指老人背上生的斑點如鮐魚。唐

柳宗元《愈膏肓賦》云：「善養命者，鮐背鶴髮成童兒。」是說善於養生者，
90 歲雖身似鮐魚，發如白鶴，仍像兒童。

期頤：指滿百歲老人。源於《禮記・曲禮》：「百年曰期頤。」《釋名・
釋長幼》：「百年曰期頤。頤，養也。」陳浩《集說》曰：「人壽以百年為期，
故曰期；飲食居處動作，無不待於養，故曰頤。」頤，也就是養的意思。宋
蘇軾《次韻子由三首》詩云：「到處不妨閒卜築，流年自可數期頤。」宋陸游
《初夏幽居》詩云：「餘生已過足，不必到期頤。」

百歲老人也有稱「天年」的，成語「頤養天年」，意思是說上天賜予的
高壽。

喜壽：77 歲稱喜壽，是因喜字的草體似由「七十七」三字組成。

米壽：88 歲稱米壽，是因為米字可分為「八十八」三個字而稱。

白壽：99 歲稱白壽，是因為白字是百字少一橫，故稱。

關於 77 歲稱喜壽，88 歲稱米壽，99 歲稱白壽，這裏還有一段名人趣聞
逸事。1978 年，歷史學家、文學家郭沫若在北京醫院住院期間，華羅庚曾與
他對有關壽稱的問題進行過一次探討。華羅庚問：「70 古稀，80、90 稱耄
耋，百歲稱期頤，那麼 77、88、99 不是整數時怎麼稱呼呢？」

郭沫若笑答：「解決這個問題，就得求助於數學家和壽文化了。有人稱
77 歲為喜壽，88 歲為米壽，99 歲為白壽。」

華羅庚又問：「為什麼這麼稱呼呢？」

郭沫若解釋說：「這實際上是三則字謎，把 77 歲稱喜壽是因喜字的草體
字就如草書『七十七』三個字組成。把 88 歲稱米壽，是因為米字是由『八十
八』三個字組成。99 歲稱白壽，是因為『百』字上面缺一橫，不就是『白』

字了嗎！」

　　華羅庚聽後，拍掌稱郭沫若解釋得好，說：「這個壽字，經你一解釋就有趣了，郭老博學多聞，真是名不虛傳。」

　　關於壽歲的別稱解釋還有很多，如 61 歲稱華甲，是因為繁體「華」字是由 6 個「十」字和 1 個「一」字組成。64 歲稱破瓜，是因為「瓜」字可分為八、八兩字，八八六十四之意。這些年歲雅稱，看似字謎，實則蘊藏很多我國漢字文化和壽文化的奇巧內涵，很有意思。

　　壽誕吉祥禮俗與壽文化是緊密聯繫的。祈求長壽是人們的祈願和追求，為了達到吉祥長壽，不得不借助於象徵長壽的吉祥物來實現。

（二）壽誕民俗文化與吉祥物

千年長壽仁者鹿
——鹿與壽誕吉祥文化

　　在很多場所，大凡表示祝壽的主題，都少不了鹿。在傳統繪畫中鹿也常與壽星、仙姑為伴，以祝長壽。所以鹿成為長壽的瑞獸，是長壽的象徵。據《抱朴子》載：「鹿壽千歲，滿五百歲則其色白。」《述異記》亦云：「鹿一千年為蒼鹿。又五百年化為白鹿，又五百年化為玄鹿。」關於鹿的長壽歷史記載，唐張讀《宣室志》中就講有一個長壽鹿的故事。

　　唐開元二十三年（735年），秋高爽，唐明皇帶著弓弩手在咸陽打獵。有一隻鹿從唐明皇面前跑過，他立即命令弓箭手把鹿射死，拖回宮內，剝皮煮肉。此時，八仙之一的張果老正在宮內做客，當他看到宴席上盤中的鹿肉時，大吃一驚地說：「這頭鹿是壽鹿。你怎麼把壽鹿射殺來吃呢？」

　　唐明皇有些不信地問：「你怎麼會知道這是一頭壽鹿呢？」

　　張果老回答說：「我認識這頭壽鹿。元狩五年（前118年），漢武帝在上苑狩獵時活捉過這頭鹿。當時我也在場，並告訴皇上，此鹿有千年長壽，趕快放了它吧！漢武帝正思慕長生不死，聽從了我的話，把鹿放了。」

　　唐明皇更加疑惑地說：「元狩五年距今已800多年了，這頭鹿怎麼能活這麼多年呢？」

　　張果老告訴唐明皇說：「當年漢武帝放生此鹿前，曾在鹿的左角上係了

塊刻有年號的小銅牌，可以此為證。」

唐明皇忙叫人去拿來鹿角驗看，果然在這只壽鹿的左角毛叢中發現了那個刻有元狩五年的小銅牌。唐明皇一看誤射了壽鹿，很是懊喪。

白鹿又稱「壽鹿」、「天鹿」，為瑞獸、靈獸，是祥瑞的象徵。其出現是嘉瑞之象。《宋書·符瑞志》云：「天鹿者，純靈之獸也。」「白鹿，王者明惠及下則至。」《瑞應圖》亦云：「夫鹿者，能壽之獸，五色光暉，王者孝道則至。」「王者承先聖法度，無所遺失，則白鹿來。」明詩人瞿祐還專門寫有一首《白鹿詩》：

> 角端字刻表銅牌，知向宜春勝地來。
> 仙人倒騎歸閬苑，聖君訓養在靈臺。
> 長生自得千年壽，間色誰將二女猜。
> 待看呦呦食草後，吹笙鼓瑟慶筵開。

古時，壽鹿又是帝位的象徵。唐明皇遇見壽鹿本為祥兆，可是把它射殺了，等於是損了自己的帝位，使政權動盪不安。果然不久，安史之亂爆發，唐明皇從長安逃到四川避難。另外，成語「鹿死誰手」、「逐鹿中原」，就是以鹿來喻帝位的。

因為鹿長壽，後來人們便以鹿喻人，把鹿作長壽的象徵，在祝壽時多用到，以祝前輩或長者長壽。如民間所繪的「鶴鹿同春」、「雙鹿同春」等圖。

鹿為哺乳動物，形體奇特，四肢細長，毛色黃褐，有白色斑點。雄鹿有枝角，雌鹿不長角。鹿的實用價值很高，鹿茸、鹿角為名貴中藥材。據傳鹿

相處團結和諧，食則相呼，行則同旅，居則環角向外，以防敵害。

古時還以鹿喻賓朋，《鹿鳴曲》為賓朋宴會時所奏樂曲，此宴會為「鹿鳴宴」，是招待朋友時較高等級的宴會。總之，鹿具有豐富、多元的文化內涵。

鹿性情溫順，從不傷人，故又為「仁獸」。因此，鹿與佛教有天然之緣。傳說，從前菩薩是一隻九色鹿，常在恒河邊吃草。有一天，一個人掉進河裏，九色鹿見了，不顧一切跳下河把這人救起。落水的人為報救命之恩，說終生願為九色鹿的僕人。九色鹿不要他報恩，只告誡他不要將它的蹤跡告訴別人即可。

有一次，皇后夜裏夢見一隻九色鹿，心裏非常喜歡，讓國王給她找來九色鹿。國王貼告示出重金捉九色鹿。那個落水人心動了，告訴國王他可以捉到九色鹿。他讓國王領兵隨他來到恒河邊，把九色鹿團團包圍。九色鹿眼看無法逃走，於是，來到國王面前，把它當初救落水人的事情告訴了國王。國王聽了很感動，也很慚愧，鶴鹿同春認為鹿講仁義，並責備落水人不該見錢眼開、忘恩負義。國王立即頒佈命令，不許任何人傷害九色鹿。從此這個國家風調雨順，國泰民安。而那個見利忘義、忘恩負義的小人身上長滿癩瘡，再沒有人與他來往。

說到鹿，加官受祿「鹿」與「祿」同音同聲，一位束帶戴冠的官吏與鹿一起，寓意官位高升。人們會自然想到海南天涯海角的「鹿回頭」的故事。據《崖州志》記：海南五指山下有一黎寨，住著一對老夫婦，以狩獵為生。生有一子，亦承父業。年十八，入山獵無所獲，悶臥山中。有老者杖之醒，見梅花鹿，徑起南追，至天涯海角，鹿回頭，變為仙女，與少年結婚，乃定

居於此，生子繁衍，遂為黎族一支。這些都說明鹿為仁獸，是吉祥之獸，多給人們帶來祥瑞幸福。

此外，鹿的諧音為「祿」。祿為五福之一，是指古代官吏的俸祿，反映了人們祈望高官厚祿的心理。民間繪有「加官受祿」圖和鹿與蝙蝠的「福祿雙全」、「福祿長久」紋圖；鹿與福、壽二字組成的「福祿壽」紋圖；繪有六隻鹿，取諧音的「路路順利」紋圖；繪有鹿、鶴、桐、椿（均取諧音）的「六合同春」、「鹿鶴同春」紋圖等，均富含福祿和長壽等吉祥文化的內涵，也是人們常喜用的賀詞。

神龜長壽為靈物
——龜與壽誕吉祥文化

龜為鱗介類水生動物。在現代人的眼裏是一種沒有什麼特殊性和神秘性的極為普通的動物。而龜在古代先民心目中，卻是一種天生具有靈性、能傳遞天意的神物、吉祥物，早在氏族部落時即作為圖騰物崇拜，特別受到先民們的崇敬和信仰，龜為四靈（青龍、白虎、朱雀、玄武）之一，玄武為龜蛇合體，為北方之神。此為漢代瓦當圖案。並賦予其極其豐厚、深廣的文化內涵和意蘊。

龜作為靈物在古代十分風光，古人把它與龍、鳳、麒麟並列，成為「四靈」之一，受到人們的崇拜和信仰。「四靈」中其它三物均為人們虛構而塑造的神靈之物，而龜是唯一自然界中實際存在的動物，可見龜在古代先民心目

中的地位是何等重要。

古代龜之所以能列入「四靈」之一，成為神靈之物，首先是因為它長壽。任昉《述異記》云：「龜，千年生毛，壽五千年謂之神龜；萬年，謂之靈龜。」《瑞應圖》曰：「靈龜似鱉而長，合五行之精，三百歲游於藕葉之上，千歲游於蒲上，三千歲尚在蓍叢之下。」《抱朴子・論仙》云：「謂生必死，而龜鶴長存焉。」曹操有《龜雖壽》詩云：「神龜雖壽，猶有竟時。」意思是說，神龜雖然壽命很長，但也有死的時候。中國人的生命禮俗文化認為：六十歲稱花甲，

七十歲稱古稀，八十歲叫耄，九十歲稱耋，百歲稱期頤，百歲以上統稱龜齡。所以民間給先輩拜壽都祈望老人龜齡。舊時還喜歡將小孩以龜取名為「龜子」，也有取諧音「貴子」之意。給小孩剃頭時也剃成龜頭，即上面留一片頭髮似龜殼形，後腦留一條小辮子像龜尾，寓意孩子能長命百歲，壽長如龜。這是人類追求生命旺盛，祈求子孫長命的一種美好願望。由於龜長壽，明、清皇帝殿前都安放有銅龜銅鶴，以象徵天子長壽，國運長久。

神龜長壽，古代先民都把它作為吉祥物來信仰、崇拜，喜歡把生活中很多神聖、美好、名貴的事物都與龜聯繫起來，並以龜命名。如把對祖宗神明的祭祀稱「龜祭」；祭祀時所用酒器稱「龜卮」；城池堅固稱「龜城」；古代算數稱「龜算」；古錢幣稱「龜貝」；占卜問卦稱「龜筮」；龜背的紋理稱「龜文」，可作占卜用；占卜用的經書稱「龜經」；「河圖洛書」中的河圖為「龍圖」，洛書稱「龜書」；道教練氣功稱「龜息」；避免災難，息事寧人稱「龜藏」；象徵帝位的鼎稱「龜鼎」；唐、宋時貴官服飾稱「龜紫」；係在官印上的綢帶稱「龜綬」，罷官稱「解龜」；甚至古代招女婿也喜歡招高官的「金龜

婿」。周代，還有一種稱為「龜人」的官，就是專門負責皇上祭祀時奉龜以往的官員。戰國時，大將的旗幟以龜為飾，有「前列先知」的意思，令中軍以龜為號。另外，我們在很多古代陵墓和寺廟也可看到，不少石碑的碑座都是一隻大石龜。相傳是玉龍所生九子之一，因喜愛負重，所以稱「龜趺」。人們企求借助龜的神靈達到千古永存，永垂不朽。古時還常把海中大龜稱鼇。唐、宋時宮殿丹階上都有鶴立鼇上的銅雕像。因科舉中狀元之後都要站在鼇頭迎榜，故稱「獨佔鼇頭」。唐代時還有很多人以龜來命名，如李龜年、陸龜蒙、楊龜山等。但是到了宋代，龜的名聲便漸漸不大好了，可是很多文人墨客仍崇仰讚頌龜。宋梅堯臣就寫有一首《龜》詩：

> 王府有寶龜，名存骨未朽。
> 初為清江使，因落漁且手。
> 白玉刻佩章，黃金鑄印鈕。
> 辭聘彼莊生，曳塗誠自有。

該詩是說楚王府中的寶龜被王室長期保留，那個江神的使者（指龜）卻落入漁家之手。白玉刻的印章，黃金鑄的龜印鈕。那個拒聘的莊周，寧作曳尾的龜，享受生命的自由。詩中以龜寫人，引人深思。

宋代文人陸游認為龜有「壽、貴、閒」三義，晚年自號「龜堂」。宋以後，至元、明、清，龜的聲譽江河日下，後來成了被謾　貶損、挪揄嘲弄之詞。如民間把開妓院的人稱「烏龜」，把妻子與人私通的男人叫「縮頭烏龜」，罵人為「龜孫」，等等。從此龜蒙受到不白之辱。

龜長壽為靈物，在古代蘊含有很多神秘莫測的文化內涵。古人認為龜為萬物之先，能上知天道，下察禍福，有先知之神靈，所以用以占卜。《淮南子》云：「必問吉凶於龜者，以其歷歲久也。」是說用龜來占卜吉凶，歷史已經很久遠了。《禮記・禮運》亦曰：「麟體信厚，鳳知治亂，龜兆吉凶，龍能變化。」可見，從遠古以來，龜就被當成是天意垂降的神靈之物。

古人把龜分為十類，有神龜、靈龜、攝龜、寶龜、文龜、筮龜、山龜、澤龜、水龜、火龜。傳說殷商即是受龜意而得天下。古人認為龜能上知天文，下知地理，前知過去，後知未來，對諸事都能知興衰成敗；認為龜是上天與人君之間的使者，擔負著傳遞天意和垂降祥瑞的使命。司馬遷《史記・龜策列傳》曰：「龜甚神靈，降於上天。知天之道，明於上古，明於陰陽，審於刑德。先知利害，察於禍福。」又曰：「有神龜在江南嘉林。嘉林者，獸無虎狼，鳥無鴟梟，草無毒螫，野火不及，斧斤不至，是為嘉林也。龜常在焉。」這段話是講，森林中有龜存在，就會萬物祥和不爭，獸沒有虎狼擾犯，鳥沒有鴟梟侵害，林不生害蟲，地不生野火，到處會鳥語花香。所以，古代一直把龜作為吉祥物來看待，用龜來趨吉避凶，消災降福。

龜為神靈之物，古人認為龜傳遞天意，垂祥降瑞，扶持正義，審於刑德，是天帝的使者，所以得到先民的崇拜信仰，一直把龜作為吉祥物。古人把龜板作為占卜吉凶的靈物。古時占卜時必先灼烤龜甲，視所見坼裂之紋，來兆吉凶福禍，判明善惡之象。傳說龜曾向伏羲氏獻太極八卦，而統治天下，造福黎民；龜向黃帝獻作戰「八陣圖」，在九戰九敗後，

龜鶴齊齡終於大敗戰神蚩尤，使天下太平；龜助大禹治水，克服艱險，疏通河水，消除水患；龜負洛書，助大禹制九類法則，治理天下；龜示商湯

討伐昏君夏桀，統一天下，建立商朝；龜助周公制定治理國家的法典《周禮》；還傳說龜助倉頡創造漢字；等等。這些均說明龜為正義、和善的化身，為人類造福謀利，更增添了吉祥文化的內涵。

龜還具有旺盛的生命力，能耐饑渴，不食不飲，壽命長，安安靜靜，平平和和，不爭不搶，儼然一位仁厚長者。民間還常把龜與鶴結合在一起，因龜、鶴均長壽，龜鶴合用象徵延年益壽。故民間有吉祥民俗紋圖「龜鶴齊齡」、「龜齡鶴壽」等。根據龜的這些生物特徵，佛教還以此作喻，啟發僧徒，要與世不爭，自藏六根。《阿含經》云：「佛告諸比丘，當如龜藏，自藏六根，魔不得便。」

古代龜為吉祥物，還常與蛇合在一起稱「玄武」，有捍衛避讓之意。古人認為龜甲堅硬，遇敵時用甲護之；蛇因無甲，見敵避之。所以古代軍隊在旗幟上常繪此二物。《宋史・兵志》云：「戰國時，大將之旗以龜為飾，蓋前列先知之意，令中軍亦宜以龜為號，其八隊旗，別繪天、地、風、雲、龍、虎、鳥、蛇。」

「玄武」還是道教創造的神，位於北方，為太陽之神，道教又稱其為真武帝，所奉造像旁均有龜、蛇二物，以示神靈護祐。由此可見，龜被神化並富含厚重文化內涵，是基於長壽和特有的靈性。《史記・龜策列傳》作了全面的、更好的詮釋：龜者，天下之寶也……生於深淵，長於黃土。知天之道，明於上古，游三千歲，不出域。安平靜正，動不用力。居而自匿，審於刑德，先知利害，察於禍福，以言而當，以戰而勝。王者寶之，諸侯盡服。自古龜被作為吉祥之物、神靈之物，當之無愧。

仙鶴長壽有奇質

——鶴與壽誕吉祥文化

鶴屬鳥綱大型涉禽，全球共有 15 種，其中有 10 種面臨滅絕。我國主要有丹頂鶴、白鶴、蓑羽鶴、灰鶴等，為鶴類品種最多的國家。

鶴形體秀美，神態瀟灑，舉止文雅，羽毛潔白，性情恬靜，居則雌雄相隨，翩翩起舞；翔則一鳴衝天，直上雲霄，歷來被視為吉祥物。特別是我國特產的丹頂鶴，頭頂彤紅，

在雪白的羽毛映襯下，猶如鑲嵌的紅寶石，憂雅美麗，再加上修長的雙腿，亭亭玉立，頗具仙氣，故人們又稱之為仙鶴、仙客、仙禽等。鶴的文化意蘊特別豐富，自古至今，深受人們的喜愛和稱頌。

鶴為仙禽、神瑞，首在其仙，人稱其有仙風道骨，與道家神仙結有不解之緣。因此，神話傳說中仙人多持鶴扇和騎鶴，稱為「仙駕」、「仙馭」，亦代指仙人。相傳武漢的黃鶴樓就是因為有仙人駕鶴在此棲息而得名。唐崔顥《黃鶴樓》詩云：「昔人已乘黃鶴去，此地空餘黃鶴樓。」因道士修煉時常有仙鶴相伴，所以道士的長袍稱「鶴氅」。在「騎鶴昇天」或「化鶴成仙」的傳說中，仙子或太子的車駕為「鶴架」，道士作古稱「鶴化」或「駕鶴西歸」。

鶴體態文雅，舉止憂美，端莊大方，高雅聖潔，故多被用來比喻人才和君子的操行，便形成對鶴的信仰文化。古人把超凡脫俗、閒放清遠的賢人隱士雅稱「閒雲野鶴」，將品行高潔、潔身自愛的人譽為「鶴鳴之士」。古代還把招聘賢能之士的詔書謂之「鶴板」，把鶴板上的字體美曰「鶴書」。《世說新語・容止》載：「（嵇）紹始入洛，或謂王戎曰：『昨於稠人中始見嵇紹，

昂昂然如野鶴之在雞群。」後人又常以「鶴立雞群」來形容名士的風度卓然，異於尋常。宋蘇東坡有《次韻子瞻》詩：「君才最高峰，鶴行雞群中。」唐儲光羲有《池邊鶴》詩以鶴贊人云：

舞鶴傍池邊，水清毛羽鮮。

立如依岸雪，飛似向池泉。

江海雖言曠，無如君子前。

　　古還傳董仲舒為「鶴神」。據《清平山堂話本·董永遇仙傳》記：董永與織女為婚，織女迴天宮生下一子名董仲舒，後送回由董永撫養。仲舒12歲時到太白山中去尋母，正值七夕日，逢七仙女下凡，仲舒認出生母。母給銀瓶，內有米七合，囑其日食一粒。仲舒自思如何得飽，乃七合悉煮，食之。不料身暴長，身長一丈，腰大十圍。董永受驚而逝。仲舒三年守孝，不思飲食。忽一日，玉帝差火明大將軍宣其上天，封為太歲部下鶴神。由於我國古代文人對鶴的信仰，把鶴推向了一個虛幻的世界。

　　在中華民族傳統文化中，鶴為「一品」，傳統圖案中有「一品當朝」、「一品高升」、「指日高升」等紋圖，用以祝人指日高升，仕途騰達。在明、清一品官官服的補子紋樣均為仙鶴，備受人們的青睞。

　　相傳北宋詩人林逋特別喜歡鶴，他以梅為妻，以鶴為子，終身不娶不仕，淡泊名利，隱居於西湖孤山。林逋寄情於湖山，有客人來訪時，家童便放鶴，林逋見飛鶴便趕回草廬會客，故有「梅妻鶴子」的典故。

　　北宋文學家李昉亦非常愛鶴，在家中養鶴，視為朋友，稱為「仙客」。

鶴還有長幼相隨、雌雄比翼的生活習性。因此用來表示父子相應、夫婦相合之倫理，吉祥圖案「五倫圖」，即用鶴代表父子之道。

鶴善舞，常以對舞的方式來尋偶，一旦成功就永久不改，如果其中一隻死去，另一隻至死不配，用以象徵夫妻忠貞不渝，愛情完美。

吉祥圖案「一琴一鶴」，即寓意為官清正廉潔，兩袖清風。是說宋代清官趙抃移官成都時，僅一琴一鶴相隨。

鶴品德高潔，有德、壽、雅、逸之高品，廣得文人雅士的讚頌。清陳淏子《花鏡・鶴》云：「行必依洲渚，止必集林上，雌雄相隨。」宋姚勉有《白鶴》詩贊云：

> 白鶴有奇質，從古巢神仙。
> 饑餐必瑤草，渴飲惟瓊泉。
> 朝飛閬苑霞，暮宿炎洲煙。

唐代大詩人李白《宣州長史弟昭贈余琴溪中雙舞鶴詩以見志》詩云：

> 白玉為毛衣，黃金不肯博。
> 背風振六翮，對舞臨山閣。

該詩歌頌了鶴的高潔品質和風操，絕不因世俗而改變，表達了李白對自由的渴望。唐杜牧《鶴》詩云：

清音迎曉月，愁思立寒蒲。

丹頂西施頰，霜毛四皓須。

碧雲行止躁，白鷺性靈粗。

終日無群伴，溪邊弔影孤。

　　詩人借頌鶴表達自己的高潔節操和志向。

　　鶴為仙禽，又為長壽祥瑞的象徵。古時鶴的出現認為是「鶴瑞」。《唐六典》云：「玄鶴為上瑞。」高齡者稱「鶴壽」。古代壽、福是連在一起的。「壽者有福，福者長壽。」故民間有鶴銜壽桃，四周五隻蝙蝠（音同「福」）的吉祥圖「五福捧壽」，團鶴獻壽象徵福壽雙全。古人認為龜能活萬年，鶴能達千代，所以人們還常用「龜齡鶴壽」、「龜鶴齊齡」來祝賀前輩和老人的誕辰。《抱朴子・對俗》云：「知龜鶴之遐壽，故效其導引以增年。」《養生要》云：「鶴壽有千百之數。」唐李善《相鶴經》云：「鶴，壽不可量。」所以，故宮的正殿前置龜、鶴，以象徵江山社稷如龜、鶴長壽。《淮南子・說林訓》云：「鶴壽千歲，已報其遊。」傳說鶴至少可活 1600 歲，團鶴和合這壽齡確實讓人望塵莫及。因此古人常以鶴壽、鶴齡、鶴算來稱頌長壽的老人。人們常以「鶴髮童顏」來形容年老體健、容光煥發的老者。在傳統圖案中用鶴來表示長壽的有團鶴、雙鶴等，更多的則是以鶴與長壽動物、植物結合來表示長壽，如鶴與松樹結合，有「松鶴延年」、「松鶴常春」、「松鶴遐齡」之紋圖。與椿樹、桐樹配合，有「六合同壽」的紋圖，因「合」為「鶴」的諧音。楊慎《升菴外集》卷九四云：「北方語合、鶴迥然不分，故繪有六鶴及椿樹為圖者，取六合同春之意。」與桃結合有「鶴獻蟠桃」的紋圖。與鹿、桐樹、椿樹結合

有「六合同春」的紋圖，亦稱「鹿鶴同春」。把鶴與荷花結合，取「鶴」與「和」同音，「荷」與「合」同音，三隻鶴與三朵荷花的紋圖為「團鶴和合」。此外，還有老壽星駕鶴在空中飛翔，群仙拱手祝賀的紋圖，用於祝壽為「群仙獻壽」圖。「丹鶴朝陽」又像徵前程如日東升、蒸蒸日上。

總之，鶴品行高操，儼然君子；行規步矩，幽雅超凡；不淫不欲，純潔忠貞；一琴一鶴，清正廉明；松鶴延年，鵬程萬裏。這些均深藏鶴的豐富文化內涵，得到古今人們的讚美和崇信、寵愛。

白頭鳥寓長壽翁
——白頭翁與壽誕吉祥文化

白頭翁，又稱白頭鳥、長壽鳥，因鳥頭頂有一塊白色的羽毛而得名。《三國志・諸葛恪傳》載：白頭鳥諸葛恪少年時就聰明過人，才思敏捷。有一次白頭鳥飛到殿前，孫權問他：「這是什麼鳥？」恪回答說：「這是白頭翁也。」「白頭」即白髮，「翁」是對長者的代稱，故「白頭翁」又代稱老人、老翁、長者，寓意長壽白頭、鶴髮童顏。人們常以白頭翁代稱長壽白頭，故又稱「長壽鳥」。唐代詩人白居易《重陽席上賦白菊》詩中云：「還似今朝歌酒席，白頭翁入少年場。」

白頭翁常棲居竹林、樹林之中，以昆蟲、雜草種子及漿果為食，是一種益鳥。其特徵是雌雄不離，成雙成對，民間多以白頭翁比喻忠貞不渝的愛情。漢代樂府古辭《白頭吟》云：「願得一人心，白頭不相離。」所以，古時

把白頭翁作為吉祥鳥來看待，用以寓意夫妻恩愛，白頭偕老。

白頭翁作為吉祥鳥，更多的是因為其頭頂毛色潔白的特點，以及其名稱白頭翁與長壽等吉語相契合，所以常用來寓意白頭長壽，青春永駐。

白頭翁作為長壽的象徵，被視為吉祥鳥，得到人們的青睞和喜愛，多用來作各種傢俱、建築物、木雕、刺繡等圖案的主題。

如把白頭鳥與壽石、長壽花（月季花）結合的紋圖為「白頭長壽」圖，用來祝頌夫妻長壽，青春常在；白頭長壽如把白頭鳥與牡丹繪於一起的「白頭富貴」圖，多用來祝頌夫婦白頭到老，生活幸福；如畫桐樹枝上居兩隻白頭鳥的紋圖，為「堂上雙白」圖，多用來祝壽，寓長者長壽、生活美滿之意；如把白頭鳥與竹、梅等高雅之物繪於一起，外加連綿不斷的盤長紋的「白頭長壽」圖，寓意福壽綿長、幸福美滿，多在結婚用品上運用。

靈鳥錦文垂紅碧
——綬帶鳥與壽誕吉祥文化

綬帶鳥又稱吐綬鳥、三光鳥、一枝花等。因嘴根有肉綬，伸縮時能變色，行時似綬帶，故稱。

《太平御覽》卷九二八引盛弘之《荊州記》載：魚復縣有鳥，時吐物長數寸，丹朱彪炳，形色類綬，因名吐綬鳥。綬帶鳥綬，即綬帶，是用來係帷幕或印環的帶子。明李時珍《本草綱目》中亦記有：「（吐綬鳥）出巴峽及閩廣山中，人多畜玩。大者如家雞，小者如鴝鵒。頭頰似雉，羽色多黑，雜以

黃白圓點，如真珠斑。項有嗉囊（喉下存食的囊），內藏肉綬，常時不見，每春夏晴明，則向日擺之。頂上先出兩翠角，二寸許，乃徐舒其頷下之綬，長闊近尺，紅碧相間，彩色煥爛，逾時悉斂不見。」故稱吐綬鳥。

綬帶鳥屬雞目，吐綬雞科。雄綬帶鳥有羽冠，尾部有兩根長尾羽，雌綬帶鳥羽冠不顯，也沒長尾羽。綬帶鳥羽毛因品種不同而異，或黑色，或白色，或青銅色，或赤黃色，遠觀金光熠熠，甚是美麗，故又稱錦雞、火雞、山雞。《古今圖書集成·博物彙編禽蟲典》載有：蜀有雞，中藏綬如錦，遇晴則向陽擺之，出二寸許。

古代稱綬帶鳥又為避株、珍珠雞。《禽經》云：「頸有彩囊曰避株。」為什麼它又稱「避株」呢？因為綬帶鳥遇到晴好天氣，頸上就出現彩色囊，因怕草木掛上，所以行走時避開草木，故稱「避株」。那麼綬帶鳥為什麼又稱「珍珠雞」呢？因為它身上的羽毛多雜有黃白色圓點，猶如珍珠，故名「珍珠雞」。《蔡憲夫詩話》曰：吐綬鳥又名珍珠雞，羽毛有白圓點，嗉藏肉內，綬長，闊數寸，紅碧相間，遇晴頂上先出角肉二寸許，然後徐緩綬也。綬，即是彩帶子。元周權有《吐綬鳥》詩云：

> 巴山靈鳥初離群，葳蕤麗組雲錦文。
> 羽翎新刷爪距利，彩色勝似沙頭鴛。
> 晴暾入戶爛相射，嗉中有物垂紅碧。
> 綬光若若花盤條，出示山童有矜色。

詩中把吐綬鳥的形狀、特徵都形象地描繪了出來。明楊基亦有《吐綬鳥》

詩云：

> 暖風晴日融春晝，閒看花陰雞吐綬。
>
> 綺縠都將彩羽妝，紅絲不待金針繡。
>
> 疊疊胭脂縷縷金，龍紋盤錯鳳紋深。
>
> 憑誰剪作鴛鴦帶，雅稱佳人翡翠衿。

　　該詩用濃墨重彩，把一隻斑斕五彩的吐綬鳥呈現在一派明媚春光的暖風晴日中，是那麼美麗。但是它那綺麗的彩羽不是人工所造，而是天工造化而來。只見它的肉綬時而紅如胭脂，時而似金閃耀，盤曲交錯的紋路和如錦的尾帶，或似龍飛，或似鳳舞，如果誰把它剪下來，那一定是根漂亮的鴛鴦帶，

　　可以作為美人的裝飾品。詩人把吐綬鳥的華麗和神奇盡情描繪了出來，讓人為之讚美。

　　吐綬鳥是一種吉祥鳥，其文化內涵主要取其「綬」字。一是取「綬」的諧音「壽」，寓有富貴長壽之意。因此傳統圖案把吐綬鳥作為長壽的象徵。繪有吐綬鳥和山茶花的紋圖為「春光長壽」；繪有吐綬鳥、壽石和水仙的紋圖為「代代壽仙」；繪有吐綬鳥、蠟梅、天竹、水仙的紋圖為「天仙拱壽」；繪有吐綬鳥和梅、竹的紋圖為「齊眉祝壽」等，都有祝壽的意願。

　　代代壽仙綬帶鳥蹲於壽石上，水仙花開於壽石間。綬帶鳥的「帶」與「代」同音同聲，再取壽石與水仙各一字為「壽仙」。

　　說到「齊眉祝壽」紋圖，讓人聯想到「舉案齊眉」的故事。相傳，東漢

文學家梁鴻以貧寒不失志聞名鄉裏，很多有權勢的人家都慕名想把女兒嫁給
他，但都被他謝絕了。同鄉孟家有女體肥貌醜，但力氣大，挺能幹活，年已
30 歲尚待字閨中，也說過不少親事均被她回絕。父母問其原因，她說：「我
要嫁人，必嫁像梁鴻這樣的賢能之人。」梁鴻聽說後，馬上託人求親，姻緣
乃成。娶親那天，孟氏姑娘粉黛飾容，繡衣著體，可過門七天，新郎一直不
理新娘。新娘問其緣故，梁鴻回道：「我本想娶一位身穿褐布，願與我隱居深
山的妻子。哪知你是這樣打扮。」新娘笑了，說是故意考驗他的志向的，馬
上脫了嫁衣，換上布裙，洗盡鉛華，操持起家務來。梁鴻大喜，便給她起名
為光，表字德曜。不久，夫婦隱居灞陵山中，以耕織為生。皇帝聽說此事，
派人徵召梁鴻入朝為官，梁鴻不願，又偕妻孟光去南方隱居，替別人舂谷為
生。每次梁鴻回家，孟光都把飯菜做好放進食案（一種托盤），恭敬地舉到眉
前，獻給丈夫，被傳為佳話。後「舉案齊眉」的故事便成為夫妻相愛相敬的
代詞。人們根據這個故事繪成一對綬帶鳥雙棲雙飛在梅花與竹枝間的「齊眉
祝壽」瑞圖，以雙寓齊，以「梅」諧「眉」，以「竹」諧「祝」，以「綬」諧
「壽」，寓意夫妻恩愛，白頭偕老。

　　另外，綬帶又作權力和地位的象徵。古代帝王百官都佩飾綬帶。綬帶是
由彩色絲條織成的帶狀長條，其顏色和長度隨官職品級不同而不同，如皇
帝、諸王用四彩，長二丈一尺；宰相用綠色；公侯、將軍用紫色。古代帝
王、諸侯、百官還佩玉為飾，係玉的絲帶稱「組綬」。《禮記・玉藻》云：「天
子佩白玉而玄組綬。」漢代時係官印的綬帶又稱「印綬」。《史記・范雎蔡澤
列傳》載：「懷黃金之印結紫綬於要（腰）。」明、清時代，九級服飾的補子
即為綬帶鳥。綬帶成為一種身份和權力的象徵，是吉祥物。由此，綬帶鳥也

成了吉祥鳥，被賦予各種不同的文化內涵，受到人們的尊崇。

蝠形殊異福壽長
——蝙蝠與壽誕吉祥文化

蝙蝠形體奇異，似鼠非鼠，似鳥非鳥，故民間關於蝙蝠的傳說很多。有說蝙蝠為老鼠偷食食鹽後所變，所以其首像鼠類，而又似鳥，有翼能飛，但是它又不屬鼠類或獸類。有一則傳說很有趣味。有一次，百鳥之王鳳凰過生日時，眾鳥都來為鳳凰祝壽慶賀，唯獨蝙蝠不到，

也不送賀禮，它說它是四足動物，不屬鳥類。後來，獸中之王麒麟過生日，百獸齊聚，都去為麒麟賀壽，蝙蝠又不去，也不呈禮，它說自己是有翅膀可飛翔，不屬於獸類。鳳凰和麒麟都很生氣，可又拿蝙蝠沒辦法。因此，鳥類和獸類都斥蝙蝠為異類，不與之往來。根據蝙蝠的這種習性，陳代文人王植有《蝙蝠賦》云：「籲何奸氣，生此蝙蝠！形殊性詭，每變常式。行不由足，飛不假翼……不容毛群，斥逐羽族。」《佛藏經》亦云：「蝙蝠，欲捕鳥時，則入穴為鼠，欲捕鼠時，則飛空為鳥。」因蝙蝠形狀怪異，兩頭無著，非鼠非鳥，被人們視為異類。

蝙蝠確實怪異，雖然像鼠，為哺乳類動物，可是其前、後肢又有薄膜與身體相連，似翅膀，可飛翔，被稱為「飛鼠」。又由於蝙蝠生活習性奇特，畫伏夜出，在石穴、山洞內多倒懸而居，所以古人視為神異，又稱其為「仙鼠」，把它作為吉祥物來看待。

　　人們把蝙蝠視為吉祥物，還因俗傳蝙蝠長壽，服食蝙蝠可延年益壽。據《抱朴子》云：「千歲蝙蝠，色如白雪，集則倒懸，腦重故也。此物得而陰乾末服之，令人壽萬歲。」《太平御覽》亦云：「交州丹水亭下有石穴，甚深，未嘗測其遠近，穴中蝙蝠大者如鳥，多則倒懸，得而服之使人神仙。」這些多為道家方士之奇談怪論，不足為信。

　　但是，民間視蝙蝠為吉祥物，主要還是取「蝠」與「福」之諧音。福在吉祥用語中專指幸福、福分、福氣、福地、福天等。人生誰不求福，祈願福星高照、幸福萬年。所以，民間春節時都喜歡貼「福」字。

　　關於春節貼「福」字，還有一個傳說故事。有一年正月十五，朱元璋微服出訪，來到一個鎮上，看見很多人在圍觀一幅畫，畫上是一個赤腳女子懷中抱著一個大西瓜。朱元璋不解其意，一打聽方知此畫是諷刺取笑淮西大腳婦女的。朱元璋立即聯想到皇后正是淮西人，又大腳，這不是有意在取笑、諷刺皇后嗎？朱元璋回宮後立即吩咐手下人，暗中調查這幅畫是誰畫的，有哪些人在圍觀、嘲笑。他讓那些沒有圍觀的人的家門上都貼上一個「福」字作記號。待調查清楚後，朱元璋便派兵來到鎮上，凡是門上沒貼「福」字的人家都要被殺，而門上貼「福」字的人家都平安無事。從此後，人們都以貼「福」字來保祐全家平安，以討吉利。

　　關於民間倒貼「福」字，始於清代後期。相傳，一年除夕，慈禧太后賜大臣「萬福」時，恭親王因心中有事，悶悶不樂，心不在焉，竟把「福」字拿倒了。文武百官見此都為恭親王捏了一把汗。太監李蓮英想敲恭親王竹槓，立即為其辯解道：「老佛爺壽比南山，福如東海，新年接福，福真正到（倒）了。」慈禧太后一聽也連聲說：「福到了！福到了！」恭親王免去一

禍，回去後趕忙派人送給李蓮英三百兩黃金，感謝李蓮英救命之恩。從此，民間也漸漸興起倒貼「福」字，以諧「福倒了」之吉言。

民間把蝙蝠視為吉祥物，還因「福」與「壽」緊密相連。民間認為「五福」，即為：「一曰壽，二曰富，三曰康寧，四曰修好德，五曰考終命。」「壽」為「五福」第一。民間也常把福、祿、壽三星放在一起合稱。該三星也是人們最為尊奉的三位神仙。所以，民間非常重視「福」、追奉「福」、祈願「福」。以「蝠」代「福」，使蝙蝠成為人們喜聞樂見的吉祥物。並把蝙蝠廣泛運用於各類圖案中，如畫兩隻蝙蝠相對的紋圖，為「雙福」；剪五隻蝙蝠貼於門上為「五福臨門」；用紅紙剪的蝙蝠高高貼於門、窗上，為「洪福齊天」；把「福」與「富」字合起來寫成一百個，為「百福圖」。年畫有「天官賜福」圖，畫有一隻蝙蝠在空中飛翔，天官手展一條幅。但人們更多的是把福字或與壽、或與桃、或與古錢相結合，組成各類圖案，以表示更深層、更豐富的文化內涵。如中間一個篆體圓「壽」字，周圍五隻蝙蝠的紋圖，為「五福捧壽」圖；一個童子仰望數隻蝙蝠飛翔，一個童子捉蝙蝠入缸的紋圖，為「納福迎祥」圖；有很多蝙蝠與桃子（或壽字）組成的紋圖，為「多福多壽」圖；蝙蝠和古錢搭配的紋圖，為「福在眼前」圖；有五隻蝙蝠從盒子中飛出的紋圖，為「五福和合」圖；有童子仰望數隻蝙蝠飛來的紋圖，為「翹盼福音」圖；有老壽星和捧桃童子仰望空中飛來的蝙蝠，納福迎祥大海中一聳立的山上長有靈芝的紋圖，為「壽山福海」圖；由蝙蝠與用繩子穿起來的篆書「壽」字及兩個古錢組成的紋圖，為「福壽雙全」圖；有五隻蝙蝠飛翔，有一隻被童子捉住放入缸內的紋圖，為「平安五福自天來」圖；由蝙蝠、桃和靈芝組合而成的紋圖，為「福壽如意」圖；等等。這些以「福」為主題的吉祥圖案

均以蝙蝠入圖，廣泛運用於傢俱、建築、畫稿、剪紙中，成為人們求吉納福
和福壽雙全的心理追求。

蝙蝠形體本來令人厭惡，可自取「蝠」與「福」的諧音，以「蝠」代
「福」以後，蝙蝠成為吉祥物，被廣泛入圖，受到人們的青睞和喜愛。清蔣士
銓有《費生天彭畫（耄耋圖）贈百泉》詩，把世人愛用蝙蝠、鹿等為喻體，
取諧音或隱語而禱祈吉祥的習俗寫得較詳細。詩云：

> 世人愛吉祥，畫師工頌禱。
> 諧音而取譬，隱語夏戛造。
> 蝠鹿與蜂猴，戟磬及花鳥。

清孟超然在《亦園亭全集·瓜棚避暑錄》中亦云：「蟲之屬最可厭莫如
蝙蝠，而今之織繡圖畫皆用之，以與『福』同音也。」這些，均說明國人對
「福」的追求和祈願。蝙蝠也因其與「福」諧音大沾其光，成為國人追捧的吉
祥物。

仙桃避邪且增壽
——桃與壽誕吉祥文化

桃原產於中國，在我國已有兩千多年的栽培歷史。《詩·國風·周南》
中就有「桃之夭夭，灼灼其華」的詩句。長壽萬年桃更是我國最具壽文化特

徵的樹木，其花、果、木在民俗、宗教、信仰、審美等觀念中佔據重要位置，與人們的生活密切相關。

桃的壽文化特徵首先表現在其神秘的歷史和身世上。在中國古代神話中，桃樹為逐日的夸父手杖所化成。據《山海經·海外北經》載：「夸父與日逐走，入日。渴，欲得飲，飲於河、渭；河、渭不足，北飲大澤。未至，道渴而死，棄其杖，化為鄧林。」「鄧林」就是桃樹林。可是《春秋運斗樞》卻說是「玉、衡星散為桃」。兩說不同，但說明了桃樹確生之不凡，身世神秘。

正是因為桃樹神秘的身世，被賦予了驅邪制鬼的神異功能。《太平御覽》引《典術》云：「桃者，五木之精也，故厭伏邪氣者也。桃之精生在鬼門，制百鬼，故今作桃梗人著門，以厭邪，此仙木也。」神荼、鬱壘關於桃可避邪驅鬼還有一個傳說：上古時期，東海度朔山（又名桃都山）的大桃樹下，有一對兄弟，名神荼與鬱壘（即後來的門神），都有捉拿惡鬼的本領。他倆專門守著鬼門，如發現有惡鬼做壞事，就用草繩捆起來去喂老虎。所以惡鬼都怕他兄弟倆。後來黃帝知道了這件事，便令每家每戶門上掛一塊桃木板，上面畫上神荼和鬱壘的畫像以避邪驅鬼。這便是古代「桃符」的由來。南朝梁宗懍《荊楚歲時記》云：「正月一日……插桃符其旁，百鬼畏之。」宋王安石《元日》詩中的「千門萬戶瞳瞳日，總把新桃換舊符」中的「舊符」，說的就是桃符。後來由於畫神荼、鬱壘像復雜難畫，逐漸演變成貼門畫和春聯。

由於桃木有避邪這一特徵，古人便用桃木製作各種厭勝之物，如桃人、桃印、桃板、桃梗等。桃人是用桃木雕刻削制而成的人；桃印是用桃木刻的印章；桃梗是用桃木雕成的木偶，這些都有驅鬼避邪的作用。迄今，有很多地方過端午節和小孩子生日時仍在門頭上插桃樹枝以避邪。

古代還有用「桃湯」避邪的風俗，即用桃煮成湯，或飲用或揮灑，以驅邪祈祥。《荊楚歲時記》仍云：「正月一日……長幼悉正衣冠，以次拜賀，進椒柏酒，飲桃湯。」

桃又稱壽桃、仙桃，食之可延年益壽，所以桃又成了吉祥長壽的象徵。後世祝壽必少不了桃，如果一時沒有鮮桃，就用米麵或麥麵蒸為桃形饅頭為老人拜壽用。《神農本草經》云：玉桃服之長生不死。若不得早服之，臨死服之，其屍畢天地不朽。各類桃子當以西王母瑤池所植的蟠桃為上，傳說此桃3000 年一開花，3000 年一結實，吃一個蟠桃可增壽 600 年。漢武帝時賢臣東方朔曾三次偷食此桃，多活 1800 歲。

為什麼吃桃可增壽呢？相傳早在春秋戰國時期，齊國軍事家孫臏曾遠離家門去拜鬼谷子為師，學習兵法。他一去十多年沒有回家，十分思念老母親，老母親也因非常想他而生病。一次，他想到今年是老母親八十壽誕，便與鬼谷子說了想回家，一來看看老母親，二來為老母親拜八十大壽。鬼谷子知道後，就到他住的院子裏，從桃樹上摘下一個大桃子作為壽禮送給孫臏，讓他帶回去給老母親吃。孫臏匆匆帶著桃子趕回家，為母親拜八十大壽。孫母吃過壽桃後，頓感渾身清爽，思病全愈，老態消退，到百歲而終。人們都傳此桃為仙桃，是此桃的神力讓孫母病癒增壽。後來民間給老人拜壽時，也都送壽桃，以祝長壽康樂。

古時長輩老人過壽誕時贈壽桃的數量也是有講究的。有不少地方贈壽桃的數量必須是 9 個，「9」與「久」諧音，象徵壽康永久。也有的地方是根據壽誕年齡來贈壽桃的。如 60 歲就送 60 個壽桃，70 歲就贈 70 個壽桃。贈送壽桃擺放時也要注意堆成寶塔形，頂上還要插個大紅「壽」字，千萬不可亂

放。把壽桃堆放成寶塔形含有壽高命長、洪福齊天的意蘊。

桃文化內涵不僅在其果實、樹木，桃花有更豐富的文化意象，曾得到歷代詩人詞客的歌詠詞贊。

桃花開時正值三月，桃花灼灼，芳菲爛漫，桃紅柳綠，鶯飛燕舞，桃花象徵明媚春天和春光無限，故三月又稱「桃月」。唐王維《田家樂》詩贊云：「桃紅復含宿雨，柳綠更帶春煙。」桃花還常用來比喻美貌女子，春秋時楚國息夫人，美貌無比，人稱「桃花夫人」。

把桃花喻美女，在唐代詩苑還曾演繹過一個動人的故事。有一年春天，唐代詩人崔護科考落榜，非常失意，一個人便到都城南邊的郊外散心。他走到一個村莊，發現一個院落樹木蒼翠，但空寂無人。他一時口渴想找碗水喝，見院門緊閉，便去叩門。此時一位年輕貌美的女子在門內問他有何事。崔護說：「我是城裏人，走到此地，因口渴想找碗水喝。我姓崔名護。」

那位女子便打開門，請他進院喝水。崔護一邊喝水，一邊悄悄看那女子。只見正盛開著桃花的桃樹下，那位女子正對著他微笑，那女子的笑臉和桃花相映照，真是人面如花，花如人面，融為一體，甚是好看。崔護怦然心動，但初次相見，又不好多言，喝完水便告辭而去。那女子微笑著把他送出院外，崔護有些戀戀不捨。

崔護一直思念著那位女子。第二年春天，他又情不自禁地來到城南郊外。可是院落仍在，樹木依舊翠綠，而大門已鎖上，心中悵然，便即興在門上題下《題都城南莊》詩一首：

去年今日此門中，人面桃花相映紅。

人面不知何處去，桃花依舊笑春風。

　　崔護仍不死心，過了幾天，又去城南郊外尋訪。剛走到院落邊，聽見屋內傳出老人的哭聲，忙叩門相問。一位老翁滿臉淚水地打開門，一問是寫詩的崔護，立即生氣地說：「是你害了我女兒啊！」崔護不知何因，忙問其故。方知，原來那女子正值豆蔻年華，尚未許人，自去年春見了崔護後，精神恍惚，今春更加嚴重，神不守舍，老翁便帶女兒去親戚家散心。誰知前兩天回家，見門上的題詩，便憂鬱成疾，臥床不起，已奄奄一息。

　　崔護聽老人說完，又悲痛又感動，在老翁的引領下去見了那位癡情女子。崔護來到床前說明他是崔護，那女子慢慢睜開眼，看了一會兒，竟然坐了起來。老翁大喜，當即就把女兒許給了崔護，成就了一段美滿姻緣。

　　此外，桃花還有藥用價值。俗傳農曆三月初三時，採桃花用酒浸泡，服之可除百病，好顏色。民間傳說，桃花山上住著一位張姓的姑娘和她的老母親，她們多行善事，用酒泡桃花為百姓治病，十分靈驗，治好了很多病人。病人治癒後都來感謝母女倆，桃花姑娘分文不收，只讓人在山上種一棵桃樹來表示謝意。數年後，桃花山上種滿了桃樹。春天，桃花山上，滿山如火似霞，人們稱這位張姑娘為「桃花仙子」。

　　桃在中國文化史上有著特殊地位，不論其果、其木、其花都與人們的生活密切相連，為人們帶來了春天，帶來了健康，帶來了吉祥，帶來了幸福。人們也深深喜愛桃。因而產生了很多以桃為主題的吉祥圖案，如很多蝙蝠與桃的紋圖為「多福多壽」；仙人持桃立於桃樹下的紋圖為「蟠桃獻壽」；一位拄杖老者笑看飛翔的蝙蝠，一童子手持壽桃的紋圖為「福壽雙全」；等等。這

些圖案都與壽文化有關，一直傳承到今天。

神靈之芝延壽辰
——靈芝與壽誕吉祥文化

　　一提到靈芝，人們自然會聯想到很多與神仙有關的神話傳說故事。在中國人的眼中，靈芝成為神草、聖物、瑞草、吉祥物，總帶有一股神仙的瑞氣和一種神祕的仙氣，就連古籍中也把它寫得神乎其神。《說文解字》曰：「芝，神草也。」《爾雅》云：「芝一歲三華，瑞草。」又云：「聖人休祥，有五色神芝，含秀而吐榮。」所以，歷代詩人墨客也多有贊詠。三國魏曹植《靈芝篇》云：

　　　　靈芝生天地，朱草被洛濱。
　　　　榮華相晃耀，光彩曄若神。

　　……

　　漢張衡《西京賦》云：「神木靈草，朱實離離。」宋陸游《玉隆得丹芝》絕句云：「何用金丹九轉成，手持芝草已身輕。」其《丹芝行》詩把靈芝寫得更是神奇堂皇：

　　　　劍山峨峨插穹蒼，千林萬谷墦其陽。

　　大丹九轉古所藏，靈芝三秀夜吐光。

　　如火非火森有芒，朝陽欲升尚煌煌。

　　何中取換肝腸，往駕素蚪朝紫皇。

　　靈芝，本名芝，古代寫作「之」，篆文為「」，像地上生長的草。因為靈芝又名靈芝草，為多年生草本隱花植物，後來又加草字頭為「芝」。這樣，才與語氣助詞「之」有所區別。芝被神化，始於秦漢時道家，魏晉六朝其風更甚。晉葛洪《抱朴子・仙藥》詳細地記述了靈芝之種類和神奇功效。

　　靈芝之品種繁多，按其特性有龍仙芝、青靈芝、金蘭芝、肉芝、菌芝等；按其生長習性有水芝、地芝、土芝、木芝、草芝、石芝等；按其形態有黑雲芝、赤龍芝、車馬芝等；按其色彩有紅芝、白芝、黑芝等。《神農本草經》中有：紅芝如珊瑚，白芝如肪，黑芝如澤漆，青芝如翠羽，黃芝如紫金。這就是傳說的五色神芝，吃了這些神芝可以壽至千歲，人如生翼，輕身避水，長生不死，還能起死回生。說到這裏，人們便會想到戲曲《白蛇傳》「盜仙草」一折中的故事。其中白娘子救許仙所盜的仙草就是靈芝。

　　關於食靈芝可以長生不老，有則民間故事可作佐證。相傳蘭陵有個叫蕭逸的人，一天挖地時見到一株類似蘑菇、顏色赤紅的東西，採回煮食後感到味道特別鮮美。從此後，蕭逸耳聰目明，身體輕盈，體力日壯，容貌紅潤，也越來越年輕。後來，蕭逸的一位朋友是位道士，看到他後驚歎地問：「你吃過仙藥嗎？先生可以與龜鶴松柏齊壽了。」他把所吃的東西和情況與道士一說，道士告訴他，他所吃的正是靈芝。這個傳說故事有些神奇，但靈芝確實有滋補作用。所以，我國古代都把靈芝作為祥瑞之物，作為長生不老、返老

還童的象徵。

靈芝作為神物、瑞草、仙芝，就必然與人事昌達、興旺有關。所以，古人認為，靈芝的出現必然預兆天下太平、政治清明、國泰民安、河清海晏。《神農本草經》云：「王者仁慈，則芝草生玉莖紫莖。」《瑞應圖》亦云：「芝英者，王者德仁者生。」但封建統治者也有假借靈芝出現來粉飾太平的。據史籍記載，宋真宗時，內憂外患，民不聊生，但朝廷不思朝政，而為粉飾太平，鎮服四海，除偽造天書外，又偽造靈芝，以靈芝的瑞應吉兆來迷惑麻醉百姓，結果演出一曲魚目混珠、紛獻靈芝的鬧劇，成為歷史上的笑柄。

靈芝本為多孔菌科多年生草本植物，菌蓋形如蘑菇，有雲狀環紋，被賦有神瑞之靈，源於秦漢。

靈芝常生於高山峻崖的枯樹根上，因地而異。明李時珍《本草綱目》記有：「青芝生泰山，赤芝生霍山，黃芝生嵩山，白芝生華山，黑芝生常山，紫芝生高夏山谷。」靈芝因其稀有，高山險峰難採，再經道家方術士神化，更神乎其神，成為長生不老、起死回生的神物。晉葛洪的《抱朴子‧仙藥》就記有：天仙壽芝石芝者，石象芝，生於海隅名山及島嶼之涯有積石者，其狀如肉象……晦夜去之，三百步便望見其光矣。該書對木芝的生成和神效記得更清：「木芝者，松柏脂淪地千歲，化為茯苓，萬歲其上生小木，狀如蓮花，名曰木威喜芝。夜視有光，持之甚滑，燒之不焦，帶之避兵……服方寸日三，盡一枝，則三千歲也。」

古人把靈芝吹得也真是太神奇了。

其實靈芝並不神奇，但確有抗衰老的作用。據現代醫藥科學研究表明，靈芝性溫味甘，強筋骨，有益精氣，可治心悸失眠、健忘疲乏諸症。近年研

究，還有抗癌作用。用靈芝泡酒，醇香宜人，有滋補功能。靈芝具有藥用功
能，主要是它含有微量元素鍺，鍺與體內的氫離子結合，可增加體內的氧，
有利於新陳代謝，延緩細胞衰老。從健身益壽的藥用價值來說，人們把靈芝
作為吉祥物也是理所當然的。

靈芝還是與蘭齊名的香草，因而有「芝蘭」合稱，常用來比喻君子之
交。宋羅願《爾雅翼》云：「芝，古以為香草，大夫之摯芝蘭；又曰：『與善
者居，如入芝蘭之室，久而不聞其香，則與之化也。』」傳統吉祥圖案中繪有
靈芝與蘭的紋圖為「君子之交」；繪有天竹、水仙、壽石、靈芝的紋圖為「芝
仙祝壽」、「天仙壽芝」等。這些吉祥物用來祝壽，有祈願長生不老、健康長
壽之意。

靈藥枸杞可延齡

——枸杞與壽誕吉祥文化

秋來，在繁茂的枸杞木叢中，一顆顆懸掛似瑪瑙，紅豔欲滴的枸杞果，
確實令人喜愛，讓人陶醉。

枸杞為茄科落葉灌木，別名很多，同音的有枸　、枸棘、枸忌等。根據
其功效、特點命名的有地仙、天精、卻老、卻暑、地骨、地節、地輔、羊乳
等；因其木可做杖，又稱仙人杖、西王母杖等。枸杞原為兩種植物的名稱，
因其棘如枸之刺，枝如杞之條，故合併一名為枸杞。《本草綱目》云：「枸、
杞二樹名，此物棘如枸之刺，莖如杞之條，故兼名之。道書言千載枸杞，其

形如犬，故得枸名。」《花鏡》亦云：枸杞，一名枸𣏌，一名羊乳，南北山中，及丘陵牆阪間皆有之。以其棘如枸之刺，枝如杞之條，故兼二木而名之。生於西地者高而肥，生於南方者矮而瘠。歲久本老，虯曲多致，結子紅點若綴，頗堪盆玩。春生苗葉微苦，焯過可食。秋生小紅紫花，結實雖小而味甘。澆水必清晨，則子不落，壅以牛糞則肥。多取陝西、甘州（今甘肅）者，因其子少而肉厚，入藥最良。其莖大而堅直者，可作杖，故俗呼仙人杖。用枸杞木莖做杖又稱西王母杖。宋黃庭堅有《顯聖寺枸杞》詩云：「養成九節杖，特獻西王母。」宋蘇軾《小圃枸杞》詩：「仙人可許我，借杖扶衰疾。」詩中說的都是用枸杞木莖所做的手杖。杖可扶老，所以古人把它作為長壽的吉祥物。

　　枸杞作為壽誕吉祥物的文化內涵，主要還是著眼於其強身滋補、延年益壽的藥用價值。枸杞花、葉、根、果皆可入藥。所以，宋代大詩人蘇軾在《小圃枸杞》詩中贊曰：「根莖與花實，收拾無棄物。」是說枸杞的根、莖、花、果實都有用，沒有可被丟棄的。明李時珍《本草綱目》載：「枸杞主五內邪氣，熱中消渴，周痹風濕。久服，堅筋骨，輕身不老，耐寒暑，下胸脅氣，客熱頭痛，補內傷大勞噓吸，強陰，利大小腸。補精氣諸不足，易顏色，變白，明目安神，令人長壽。」《神農本草經》也記有：「（枸杞）服之堅盤骨，輕身耐老。」《群芳譜》亦云：「（枸杞）花葉根實並用，益精補氣不足，悅顏色，堅筋骨，黑鬚髮，耐寒暑，明目安神，輕身不老。」枸杞別名天精、地仙、卻老等大概就是由此而來。據現代科學測定，枸杞含有枸杞城，確有強身滋補的功用。用枸杞乾果泡酒、熬膏，常服可治高血壓、糖尿病等。枸杞嫩葉可做菜吃，清新有味。枸杞葉曬乾還可代茶飲，延齡健身。

因此，枸杞一向被人們視為延年益壽的吉祥物。

枸杞老幹、老根多為狗形，「枸」與「狗」同音，枸為木，所以枸杞得名也與此有關。

據說宋徽宗時，順州築城，在土中挖出一株枸杞根，形如一頭大狗，當時認為是至寶瑞物，就獻到了皇宮中去。舊籍中載，此乃仙家所謂千歲枸杞，其形如犬者。所以唐代詩人白居易有《枸杞》詩云：「不知靈藥根成狗，怪得時聞夜吠聲。」唐劉禹錫有《楚州開元寺北院枸杞，臨井繁茂可觀，群賢賦詩，因以繼和》詩云：

> 僧房藥樹依寒井，井有香泉樹有靈。
> 翠黛葉生籠石甃，殷紅子熟照銅瓶。
> 枝繁本是仙人杖，根老新成瑞犬形。
> 上品功能甘露味，還知一勺可延齡。

詩中不僅記敘了枸杞根為瑞犬形，而且還全面讚頌了枸杞的功能。

關於枸杞根似犬，在《續神仙傳》中還有一個神話故事：傳說永嘉有個叫朱孺子的人，幼年時就隨道士王元真學道，居住在大箬岩邊，經常登山採黃精來服用。

有一天，朱孺子到溪邊洗菜，忽然發現有兩隻小狗互相追逐，朱孺子感到很驚異，就去追趕小狗，小狗逃到枸杞叢中不見了。朱孺子回來後與師父王元真講了，元真也感到很驚訝，便與朱孺子一塊去看，果然有兩隻小犬在戲耍，當人去追逐時，它們又逃入枸杞叢中不見了。王元真和朱孺子找來工

具一起挖掘，只見枸杞根形如小花犬，堅硬如石，拿回來洗乾淨後煮熟食之。一會兒朱孺子身輕如燕，飛升到面前的山峰上。元真更感驚奇。朱孺子謝別了師父王元真，飛升入雲而去。所以，今天仍呼這個山峰為童子峰。

這個故事是人們杜撰附會而來，但同時也反映了古人對枸杞藥用價值的重視，說明了枸杞延年益壽的祥瑞文化內涵。

因枸杞可延年益壽，菊花也可延齡明目，所以，民間常把枸杞與菊花結合在一起，以「杞菊」並稱，在祝壽時常有「杞菊延年」的祝語和吉祥圖案，深受人們的喜愛，更得老年人的歡心。

雪壓青松挺且直
——松與壽誕吉祥文化

松，蒼翠蓊鬱，雄姿古奇，淩霜傲雪，四季常青，自古就受到人們的喜愛，常作為延年益壽、常青不老的吉祥物來崇仰和敬拜。

松為我國常見的常綠喬木，種類繁多，以地名命名的有雲南松、長白松、黃山松等；以人喻松名的有羅漢松、美人松等；以物命名的有金錢松、雪松、銀松等；以顏色命名的有翠松、紅松、白松等。松實用價值極高，其木質軟硬適中，紋理細密通直，是很好的建築模型和傢俱的上等用材。松子可食，松花可釀酒，松節、松脂、松葉皆可入藥。

松脂不僅入藥，還可延年益壽。晉葛洪《抱朴子·仙藥》中就記有這麼一則故事：有一個叫趙瞿的人病了多年，已氣息奄奄。家人把他棄之山上穴

中，趙瞿悲痛地哭泣起來。此時走來一個人，給他一些藥丸，讓他服 100
天。趙瞿服完藥，病即痊癒，臉色紅潤。百天後這人又來看他，趙瞿感激不
盡，謝救命之恩，並乞求其方。那人說：「所服之藥用松脂煉成。」趙瞿按這
人所說自己煉制，並經常服用，後來身體清爽，氣力百倍，終日不困，活到
100 歲仍齒不掉，髮不白。

這個故事有些傳奇色彩，但松脂確實可以治病。《神農本草經》云：「松
脂，味苦溫，主疽惡瘡，頭瘍白禿，疥瘙、風氣，安五臟，除熱，久服輕
身，不老延年。」松脂還會形成琥珀，供人珍藏。明李時珍《本草綱目》云：
「松脂則又樹之津液精華也，在土不朽，流脂日久，變為琥珀，宜其可以闢谷
延齡。」松用途廣泛，作為吉祥物當然深受人們的喜愛。

松歷史綿長，其文化意蘊也是多方面的。在中國古代漢語中，「松」出
現很早，甲骨文中已有松字。中國的最早詩歌總集中已有「山有喬松」、「徂
徠之松」等詩句。

松為「百木之長」。《花鏡》云：「松為百年本之長，諸山中皆有之……
遇霜雪而不凋，歷千年而不殞……」宋王安石《字說》云：「松為百木之長，
猶公也，故字從公。」古人就稱松為木公，十八公。有說是把「松」字拆開
來叫的。把「松」字拆開為十、八、公三字，故稱「十八公」。《說文解字》
也早說過：「松木公聲。」由此有人做起文字遊戲，還編有一段趣聞。據《唐
書》載：唐代有個叫賈嘉隱的 7 歲神童，聰明過人，被皇上召見，太尉長孫
無忌和司空李也在場。司空李故意問神童：「我所倚的是什麼樹？」神童回答
說：「松樹。」李又問：「此為槐樹，怎麼說是松樹呢？」神童說：「你官居司
馬（古時把司徒、司馬、司空稱三公），以木配公，當然是松了。」一旁的長

孫無忌一把抓住小孩兒惡聲問道：「我所倚何樹？」神童見他相貌猙獰，態度
兇暴，便順口答道：「槐樹。」長孫無忌說不對。神童回答說：「木配鬼為槐
呀，所以是槐樹。」長孫無忌無言以對。也有說「公」為古代五等爵位的第
一位。《禮記·王制》云：「王者之制祿爵，公、侯、伯、子、男五等。」松
與「公」相聯繫，因此，成為高官厚祿的象徵。

　　松有「大夫」之美稱，也與官祿有關。這裏還有一個與秦始皇有關的典
故。據《史記·秦始皇本紀》載：始皇二十八年（公元前 219 年），秦始皇有
一次到泰山封禪，突遇狂風暴雨，便在一棵大松樹下避雨，松樹如蓋，沒有
讓秦始皇淋著雨，因此松護駕有功，秦始皇封此松為「五大夫」（為秦時爵位
的第九級），後人遂稱此松為「五大夫松」。

　　但也有人不解「五大夫松」原意，猜想為五位大夫。「五大夫松」在明
萬曆年間被山洪沖走後，清雍正八年（1730 年）重新補栽了五棵松，就是這
種誤解造成的。不管怎麼理解，後世遂以「五大夫」為松之別稱。《幼學瓊
林》云：「竹稱君子，松號大夫。」松因與官爵相連，自然也成為人們追慕信
仰的吉祥物。

　　松凌霜傲雪，歲寒不凋，四季常青，人們又把它作為君子不畏艱險、堅
貞頑強、高風亮節的象徵。所以古代文人墨客多喜托松言志，盡抒情懷。早
在記孔子言論的《論語·子罕》中就有「歲寒，然後知松柏之後凋也」的贊
辭。宋王安石有《古松》詩一首：

　　　　森森直幹百餘尋，高入青冥不附林。
　　　　萬壑風生成夜響，千山月照掛秋陰。

　　豈因糞壤栽培力，自得乾坤造化心。

　　廊廟乏材應見取，世無良將勿相侵。

　　該詩讚頌松枝葉森森，高聳入雲，它不是靠糞土生存長大，是靠天地自然的造化而成，不僅表達了詩人對松的崇仰愛慕之情，同時也以樹喻人，告誡朝廷要重視選拔人才，重用人才。該詩氣勢超凡，文筆峻健。我國老一輩無產階級革命家陳毅也有《松》詩贊詠：

　　大雪壓青松，青松挺且直。

　　要知松高潔，待到雪化時。

　　該詩歌頌了青松不畏艱難險阻，不怕困難，歲寒三友堅守節操的高尚品質。所以，人們敬崇青松，更敬崇像青松一樣的高潔之士。古人還把松與梅、竹並稱為「歲寒三友」來讚頌。把松、梅、竹、菊稱為「四君子」作吉祥圖案，常用於木刻、繪畫、剪紙等，表達了人們對松崇高品質的敬仰。
　　松還為長壽之樹，其更深的文化內涵是歷來作為長生不老、富貴延年的象徵。相傳松可達數千年不死，廣西壯族自治區貴縣南山寺有株古松已達三千多年，雖歷經滄桑，仍郁郁蔥蔥、蒼勁挺拔。有人在其旁邊的石上刻上「不老松」三字，表達了對蒼松的敬仰。在北京北海南門西側有棵油松已近千年。當年乾隆皇帝到此巡遊，松鶴延年正值烈日炎炎，來到此樹下，見其濃蔭蔽日，頓覺涼風拂面，十分舒暢，遂封此松為「遮陰侯」。在北京西郊香山的香山寺正殿門外西側，有兩棵八百多年的古油松，高十多米，兩棵松比肩

而立，樹冠交叉，形似僧徒拱手聽佛說法，乾隆見後，把這兩棵樹定為一景，命兩松為「聽法松」。因此，松一直作為長壽延年的象徵，其與鶴結合有「松鶴常春」、「松鶴延年」的紋圖；松與菊結合有「松菊延年」的紋圖；松與柏結合有「松柏同春」的紋圖。這些都是人們祝壽時常用的圖案和祝詞。後來，松一直作為祈盼青春永恆、健康長壽的象徵，受到人們的普遍歡迎。

柏堅不怕風吹動
——柏與壽誕吉祥文化

柏與松常並稱，與松一樣為常綠喬木。柏，古亦寫作「栢」。其意為百木之長。長者，其中一個主要含義為壽命之長，俗言有：「千年松，萬年柏。」是說柏比松壽命還要長。

柏的種類也較多，有側柏、扁柏、垂柏、香柏、花柏、羅漢柏等。柏的用途極為廣泛，木可作棟樑，子可入藥，葉可烹湯浸酒。明李時珍《本草綱目》載：「柏性後凋而耐久，稟堅凝之質，乃多壽之木，所以可入服食。道家以之點湯常飲，元旦以之浸酒避邪，皆有取於此。麝食之而體香，毛女食之而體輕，亦其證驗矣。」這裏所說的毛女食柏而身輕，還有一段軼聞。據晉葛洪《抱朴子·仙藥》載：漢成帝的時候，在終南山幾個打獵者發現有個人沒有穿衣服，身上長滿黑毛，跳坑越澗如飛。於是打獵者悄悄跟蹤，偷看她住在哪裏，然後把她包圍起來抓住，發現原來是個女人。問她是哪裏人，她回答說她是秦朝時宮中人，關東兵入侵，秦王出降後，她逃入山中。在山上

常常因無食而饑，山中有一位老翁告訴她可以用柏葉、柏子來充饑。開始吃時有些苦澀，後來漸漸適應，便常用此來充饑。久而久之，只覺冬不再怕冷，夏不再怕熱。到漢成帝時她已在山中過了 300 年。所以，柏是長壽之木，常食柏子、柏葉可延年益壽，返老還童。《列仙傳》就記有：「服柏子人長年。」柏葉不僅可以吃，還可烹湯、泡酒。《漢宮儀》云：「正旦（正月初一）飲柏葉酒上壽。」喝柏葉湯更有益。柏葉湯和柏葉酒既可避邪，又可延年益壽。所以，舊時春節不少地方都有喝柏葉湯和柏葉酒的習俗。南朝梁宗懍《荊楚歲時記》中有：正月初一「長幼悉正衣冠，以次拜賀，進椒、柏酒，飲桃湯」。說明漢代時人們已把柏樹作為延年益壽的吉祥物來崇尚和信仰，並已為生活服務。

柏的另一層文化內涵與松一樣，也為高官厚祿的象徵。宋王安石《字說》云：「柏猶伯也，故字從白。」伯居古代「公、侯、伯、子、男」爵位的第三位，所以古代朝廷官署又稱「柏臺」、「柏署」。柏還稱將軍。有關柏與將軍的關係，還有一則故事：當年漢武帝巡視嵩山書院時，一進院門見到一株柏樹高大挺直，氣宇軒昂，當即封為「大將軍」。但進入院內，又見一株更大的柏樹，說只好屈封為「二將軍」。大將軍高興得前仰後合，二將軍生氣，氣破了肚皮。所以，後世稱柏為「將軍」。柏的這些稱謂都與官爵有關係。因古人多以官爵來衡量人生，所以，把柏樹也作為吉祥物來敬奉。

古人還認為柏為木之貞德者，其凌寒不凋，堅貞有節。古代陵寢、祠堂、廟宇等地常植松、柏，稱為「柏陵」、「柏宇」。其實，這是人們文化觀念上的偏差。準確地說，柏往往與文明肇端聖地、與聖賢英傑相伴隨，所以人們常常以松柏來象徵文明和先烈。孔廟和黃陵就廣植古柏。黃陵是中華文

明發祥地之一，其軒轅廟內就有十餘棵蒼柏，相傳為黃帝親手所植。因黃帝又稱軒轅，故這些柏樹又稱「軒轅柏」。按此推算，此柏至少有 4000 年高齡了，很受人們崇拜。

另外，古人還認為柏可鎮邪消災，有吉祥之意。《周禮》有：方相氏驅魍象，魍象好食亡者肝，而畏虎與柏。墓上樹柏，路口置石虎，為此也。後世遂有「鬼畏柏樹」的俗信，所以陵墓多種柏，以避邪消災。

此外，在傳統觀念中，「百」言極多，因諸事冠以百而概全部，如百事、百川、百鳥、百樹等。因柏與「百」諧音，以柏子象徵「百子」，為舊時婚嫁和祈子的必備之物，以祝多子多福。民間吉祥圖案還把柏與橘子結合，寓意百事大吉。把柏與如意（或靈芝）、柿子結合，寓意百事如意，亦用於新年祝吉納福的吉言。《西湖遊覽志餘》云：「杭州習俗，元日簽柏枝、柿餅以大橘承之，謂之百事大吉。取柏、柿、大橘與百事大吉同音故也。」

柏，瘦削挺拔，枝幹虯曲，姿態古奇，不畏霜雪，四季翠綠，常得古代文人的贊詠。唐代大詩人杜甫寫有好幾首詠柏的詩，其晚年所寫的一首《古柏行》詩曰：

孔明廟前有老柏，柯如青銅根如石。

霜皮溜雨四十圍，黛色參天二千尺。

君臣已與時際會，樹木猶為人愛惜。

雲來氣接巫峽長，月出寒通雪山白。

憶昨路繞錦亭東，先主武侯同宮。

崔嵬枝幹郊原古，窈窕丹青戶牖空。

落落盤踞雖得地，冥冥孤高多烈風。

……

該詩讚頌孔明廟前的老柏，抒發了詩人懷才不遇的感慨。詩人寫這首詩時已風燭殘年，回顧自己的一生，一無所成，當然借柏抒懷，自有萬分感慨。明代愛國詩人於謙的《北風吹》詩，卻以另一種詩情、詩風把柏樹的堅忍不拔、堅貞不屈的節操寫了出來，積極上進。詩曰：

北風吹，吹我庭前柏樹枝。
樹堅不怕風吹動，節操棱棱還自持。
冰霜歷盡心不移，況復陽和景漸宜。
閒花野草尚葳蕤，風吹柏樹將何為？
北風吹，能幾時！

詩人以柏喻人，盡抒情懷，讚詠了柏樹不畏冰霜、不怕北風、風吹不動、心堅不移、節操自持、傲視北風的情懷。特別是最後一句：「北風吹，能幾時！」既寫出了　詩人對柏的堅強剛勁的讚頌，也是作者心跡的表白和自我勉勵。於謙的詩比起杜甫的詩來，少了很多個人的悲歡，而多了積極昂揚上進之情。

靈椿易長且長壽

——椿與壽誕吉祥文化

　　民間俗言：「千年槐萬年椿。」可見，椿為長壽之木。故人們常以椿齡、椿壽、椿年為祝賀老人長壽之詞。椿也為吉祥之木。《莊子‧逍遙遊》中也早就說過：「上古有大椿者，以八千歲為春，八千歲為秋。」因椿長壽，古時祝壽聯也常以椿入聯，如「大椿常不老，叢桂最宜秋。」「筵前傾菊釀，堂上祝椿齡。」「椿樹千尋碧，蟠桃幾度紅。」古代詩人也常以椿長壽來讚詠。唐錢起《柏崖老人》詩：「帝利言何有，椿年喜漸長。」宋代柳永《御街行》詞云：「椿齡無盡，蘿圖有慶，常作乾主。」

　　椿樹長壽，人們常以椿來喻嚴父。明王世貞《藝苑卮言》云：今人以椿萱擬父母，當是元人傳奇起耳。是說從元代開始，人們就以椿樹來比擬父親，用萱草來比擬母親。其實，唐代詩人牟融《送徐浩》詩也早有此說：「知君此去情偏切，堂上椿萱雪滿堂。」古代還以靈椿來代稱父親。《宋史‧竇儀傳》載：五代後周竇禹鈞五子相繼登科，馮道贈詩有「靈椿一枝老，丹桂五枝芳」。此外，「椿庭」也代稱父親。相傳是由孔鯉（孔子的兒子）趨庭接受父訓而來。明朱權《金釵記》傳奇中也有：「不幸椿庭殂喪，深賴萱堂訓誨成人。」這裏也正是以椿庭、萱堂來代稱父母。

　　椿為長壽吉祥物，民間還流傳有一個傳說：很久很久以前，椿樹名叫春神，因犯了天上的規矩，被玉皇大帝貶為一棵矮樹扔進洪水中。人類發現後把它救起，並把它種在地上成活。椿為了報答人類的救命之恩，所以既長得快，又高大挺拔。玉皇大帝也很感動，便封椿為「椿樹王」，並讓它每年除夕

夜顯靈一次，讓矮子變高，來感謝人類。

在北方一些地方，除夕之夜有摸樹長高的習俗。山東魯西南民俗有：身材低矮、長得慢的孩子，在除夕晚上繞椿樹王轉幾圈即可長高。河南汝陽等地也有民俗認為要想孩子長得快，初一早上抱著椿樹王，並口中念著：「椿樹王，椿樹王，你長粗來我長長。」俗信孩子新的一年裏萬事如意，健康成長。明李時珍《本草綱目》上就記有：「椿樗易長而多壽考。」以上習俗就是因為椿樹易長並長壽，所以民間把椿作吉祥物來敬重看待。

椿樹品種不太多，有香椿、臭椿、紅椿、白椿之分。在我國大江南北均有種植，且不擇土質，生長較快，高大挺拔，木質細密，是建築和做傢俱的良材。特別是香椿，春天剛冒幼芽時，嫩葉還可做菜吃，風味獨特，是待客的上等菜。香椿還有驅蚊蟲的功效。

民間俗信，香椿樹一般是不開花的，如果香椿開花，人們可以采香椿花入藥。又傳椿樹花不能沾土，落在地上就不見了。椿樹開花時必須上樹去摘，摘後陰乾保存。其花不僅可以治病，還可延年益壽、健體。椿樹用途多，又長壽，生長又快，並深含豐富的文化內涵，當然受到人們的喜愛，把它作為壽誕吉祥物是當之無愧的。

長頭大耳老壽星

——壽星與壽誕吉祥文化

壽星，又稱南極老人、南極仙翁。在人們心目中，他是一位慈眉善目、

白須飄然、笑顏逐開的長者。他一手拄著龍頭拐杖，一手托著壽桃，更給人
以慈祥可親的感覺，所以，又成為吉祥長壽的象徵。

壽星本為星名，指二十八宿中的角、亢二星，為東方蒼龍七星（角、
亢、氐、房、心、尾、箕）之二。《爾雅‧釋天》：「壽星，角亢也。」晉郭璞
注曰：「數起角亢，列宿之長，故曰壽。」後來又轉指南極老人星。《史記‧
封禪書》云：「壽星祠。」索引稱：「壽星，蓋南極老人星也，見則天下安，
故祠之以祈福壽也。」這裏南極老人星成了人們奉祀的吉祥神，是說見老人
星天下安寧，所以人們都到奉祀老人星的寺廟裏祈福壽。《史記‧天官書》
云：老人（星）見，治安；不見，兵起。《史記正義》亦云：「（老人星）見，
國長命，故謂之壽昌，天下安寧；不見，人主擾也。」說明周、秦時，老人
星就成了國家福祉、安寧的象徵，是人們昌壽的保護神。

到了東漢時期，祭祀壽星又與敬老觀念聯繫了起來，使壽星的吉祥文化
內涵更加豐厚深邃。據《後漢書‧禮儀志》記：東漢時，朝廷還將祭祀老人
星與敬老活動聯繫起來，在仲秋之月（即農曆八月），對全國七十歲的老人授
之以王杖，哺之糜粥。八十、九十，禮有加賜。王杖長九尺，端以鳩鳥為
飾。鳩者，不噎之鳥也，欲老人不噎。王杖，即鳩形手杖。傳說鳩是一種胃
口常開的「不噎之鳥」，老人使用鳩杖，寓有進餐防噎的意思。朝廷賜給七十
歲以上的老人鳩杖，反映了古代對尊老敬老已很重視。後代各朝也一直把祭
祀壽星列入國家祀典，還建有壽宮、壽星祠、老人廟，專供祭祀壽星之用。
這項活動直到明初才廢止。雖然朝廷不再祭祀壽星，但在民間祭祀老人星與
敬老活動卻越來越濃。直到今天，對老人星的祭祀雖淡漠了，但尊老敬老的
傳統美德卻一直沿襲下來，對長輩老人祈壽、祝壽已形成一種禮俗。凡逢年

過節和老人壽辰，人們總喜歡在中堂掛一幅《壽星圖》，子孫們都要為長輩拜壽、送壽禮、獻壽桃、貼壽聯，也稱長輩為「老壽星」。這裏壽星成為司壽之神，吉祥之神。

《壽星圖》是民間人們喜愛的吉祥物，圖中慈眉善目的老人白髮飄逸、慈祥可親，首先給人以心理和精神的安慰和愉悅。特別是那長而大的腦門，更讓人感覺可親可敬。關於壽星的大腦門還有一則傳說：壽星的母親懷壽星9年仍不能分娩，母親十分著急，竟然問肚中的兒子：「兒子啊，你為什麼還不出來？」壽星在娘肚內說：「如果家門口的石獅子雙眼出血，我就可出生了。」這話讓隔壁的屠夫聽見了，就用豬血塗在石獅子的雙眼上，壽星很快從母親的腋下鑽了出來。東方朔偷桃由於未足年份，壽星的頭就變得長而隆起。正如明吳承恩《西遊記》第七回所云：「霄漢中間現老人，手捧靈芝飛藹繡。……長頭大耳短身軀，南極之方稱老壽。」

民間傳說中還把東方朔、彭祖、太上老君也稱為老壽星。把他們三位稱為老壽星，主要是因為他們壽命都長。

東方朔實有其人，是漢武帝的金馬門侍中，長於文辭，詼諧滑稽，傳說為歲星的化身，曾三次偷吃王母娘娘的仙桃，活了1800多歲，所以民間把他奉為長壽之祖。舊時老人賀壽時，都喜歡貼東方朔畫像，以此象徵長壽、吉祥。

彭祖是民間傳說中的一個長壽仙人，為顓頊帝的孫子，他善養生，常吃桂、芝，八百歲容貌不變，善於導引行氣和房中術。他還做得一手好菜，最拿手的是野雞湯。一天，彭祖遇見一位飢寒交迫的乞討老人，他把老人背回家做了一碗雞湯給老人喝。老人喝後立即容光煥發，神採奕奕。原來，這位

老人正是來人間尋訪的天帝。天帝見彭祖人心慈善，就賜彭祖享壽 800 歲。所以，後來人們也把彭祖視為老壽星，成為長壽吉祥的象徵。

太上老君又稱老子，傳說他母親懷胎 72 年，生時從母腋下而出，耳長七尺，鬚髮皆白，故稱老子。他曾經歷三皇五帝至周，長生不死，因此也稱老壽星，也把他作為吉祥長壽的象徵。

麻姑獻壽為吉神
——麻姑與壽誕吉祥文化

江西南城縣西南，有一座峻峰奇秀、景色憂美之地叫麻姑山。麻姑山山勢雄偉峻峭，其主要山峰都以吉祥長壽語命名，如萬壽峰、五老峰、葛仙峰等。麻姑山世稱道教三十六洞天的二十八洞天，七十二福地的第十福地。麻姑獻壽這座山是因為道教女仙麻姑曾在此修道，故得名。後全稱「麻姑山丹霞宛洞天」。此山共有 36 峰、13 甘泉、5 大潭洞，且山石怪異，風景奇麗。

麻姑為傳說中的長壽女仙、吉祥女神。關於麻姑的身世，眾說紛紜。據晉葛洪《抱朴子·神仙傳》記：麻姑本為東漢仙人王方平之妹，長得俊俏美麗，年齡看似十八九歲，頂上作髻，餘髮垂之及腰，穿的文采繡衣光彩奪目，手爪似鳥，自稱曾三睹滄海變為桑田。

王方平有個徒弟叫蔡經，雖已學道，但凡心不死。他見麻姑不僅長得漂亮，又有一雙鳥爪尖手，心想脊背癢時，能叫麻姑撓撓癢該多好啊！不料，他的這種想法立即讓王方平和麻姑得知，麻姑大怒，王方平讓人狠抽了他一

頓鞭子。相傳麻姑修道成仙，可擲米成丹砂，能穿木屐在水面上行走。在麻姑修道的山上，常有金雞鳴、玉犬吠。

關於麻姑的來歷，還有一種說法：說她是北朝十六國後趙時麻秋之女。據清褚人穫《堅瓠集》記載：麻姑，麻秋之女也。麻秋是個殘暴將軍，他督促民夫晝夜築城，只有等雞鳴時才讓休息一會兒。麻姑心地善良，很同情這些民夫，常常學雞叫。她一叫，別的雞也就跟著叫起來，民夫就可早一點兒休息。後來這事讓麻秋知道了，要懲罰麻姑。麻姑趕緊逃跑，到仙姑洞去學道，後來飛升入仙。

由麻姑為麻秋之女，被演繹成為秦始皇之女，因面有麻子，故稱麻姑。但她心地善良。秦始皇修萬里長城時，讓她傳聖旨讓民工三天吃一頓飯，她同情民工，故意傳為一天吃三頓飯，並譴責秦始皇暴政。秦始皇發怒，在七月十五日那天把她殺掉了。所以，山海關、唐山地區百姓把這天作為「麻姑節」來紀念她。

麻姑體恤百姓，百姓也熱愛麻姑，後來百姓就把麻姑作為仙人祭之。麻姑在麻姑山的麻姑洞修煉，傳說每年農曆三月初三王母娘娘的誕辰，要在瑤池開蟠桃會壽宴，各路神仙都要來為王母娘娘祝壽。麻姑當然也不例外，麻姑獻壽她就把她在絳河畔用十三甘泉之水和靈芝釀的酒獻給王母娘娘，祝王母娘娘長壽。王母娘娘打開酒罈，一股濃鬱芝香襲鼻。她連稱好酒，並立即封麻姑為「虛寂沖應真人」。這便是「麻姑獻壽」的來歷。直到今天，用麻姑山泉釀造的「麻姑酒」仍暢銷海內外，人們還把這種酒作為給高齡女前輩祝壽必不可少之禮品。麻姑從此也成為吉祥長壽的象徵，受到人們的信仰和崇敬。

「麻姑獻壽」還成為人們繪畫工藝美術的重要題材，常用於繪制年畫、

剪紙等，作為吉祥佳品，祝賀高齡女前輩長壽。唐大曆六年（771 年），大書法家顏真卿做撫史刺史時，曾作《麻姑仙坊記》碑，用大字、小字兩種書寫以記之，可惜真跡現已無　存。今天，麻姑山的老百姓對麻姑仍尊崇有加，用各種方法紀念她，甚至這裏很多特產也以麻姑取名。如生產的酒稱「麻姑酒」，茶稱「麻姑茶」，米稱「麻姑米」，使麻姑的吉祥文化內涵引申得更寬更廣。麻姑已成為吉祥長壽的化身。

長壽女神西王母
——西王母與壽誕吉祥文化

　　西王母為神話傳說中的著名女神，又稱王母、金母、西姥、王母娘娘等。關於西王母的身世來歷，眾說紛紜，莫衷一是。據晉葛洪《枕中書》記：西王母為盤古真人與太玄聖母通氣結精而生，最初為一怪神。另傳，王母娘娘西王母原本是流行於西北祁連山一帶的部落首領。《山海經·大荒西經》曰：「西海之南，流沙之濱，赤水之後，黑水之前，有大山，名曰崑崙之丘。有神——人面虎身，有紋有尾，皆白……戴勝，虎齒，有豹尾，穴處，名曰西王母。」那時，她的形象是一個頭髮蓬亂，滿口虎牙，有一豹尾，怪異、丑陋的半人半獸神。

　　西漢時，西王母逐漸變得雍容華貴，美麗絕倫，人們開始把她奉祀敬崇為吉祥神。《穆天子傳》等已把西王母描繪成尊貴的仙人。到了東漢時期，她又變得更加美麗漂亮，能歌善舞，並被認為是道教第一大神元始天尊之女，

並且與當時的皇帝漢武帝有了聯繫。據《漢武帝內傳》載：當時西王母住在
西天的瑤池，年齡在 30 歲左右，身材曼妙，容貌豔美，儀態端莊，穿著華
麗。她身邊兩位侍女十六七歲，亦姿色絕美，雙目流盼。瑤池金殿上聚有數
千神仙，光耀庭宇，西王母儼然群仙的領袖，並以東王公相匹配。此時，她
身上已有了一些仙氣。後來，等到玉皇大帝信仰興起，她又與玉帝相匹配，
成為天國第一夫人，稱作「王母娘娘」。

　　人們崇奉西王母，不僅因為她是一位十分重要的神仙，而且她還是一位
貌美的長壽仙人，掌管有令人長壽的不死之藥和仙桃。據傳，嫦娥就是偷吃
了丈夫羿從西王母那裏得來的不死之藥後而升入月宮成仙的。還傳說西王母
居住的瑤池有一種蟠桃，吃了能長壽。每到農曆三月初三，蟠桃成熟的時
候，西王母都要在瑤池宴請各路神仙，召開蟠桃盛會，大擺壽筵，稱「瑤池
集慶」。各路神仙也都來為西王母祝壽。所以，西王母成為壽誕吉祥之神，蟠
桃也成為祝壽禮品。人們也開始把西王母作為能帶來福康和長壽之神敬奉。

　　西王母作為壽誕吉祥之神，受到人們的尊崇和奉祀是在西漢時期。特別
是成為天國第一夫人「王母娘娘」後，奉祀她的廟宇可以說是遍及全國，無
處不有。舊時，在農曆三月初三西王母誕辰之日，紀念活動更多、更隆重，
如過去北京的蟠桃廟會，熱鬧非凡，敬香者接踵而來，還有扭秧歌、耍獅
子、踩高蹺等民間文藝表演活動，以謝神娛眾。清代詩人楊敬亭有《都門雜
詠》竹枝詞，記敘了當時廟會盛況：

　　　　三月初三春正長，蟠桃宮裏看燒香。
　　　　沿河一帶風微起，十丈紅塵匝地揚。

此外，歷代各地還附會構建了很多西王母遺跡，比如東泰山西王母池，山西陽城王屋山的王母洞，貴州貞豐的王母塘等。除此，人們還有木雕、陶瓷西王母，在家中供奉。民間還把畫有各路天仙聚集瑤池給王母拜壽的「瑤池集慶」、「群仙拱壽」等年畫、圖案作為壽禮來祝壽，祝長者長壽萬年。西王母也成為長生不老的象徵，受到人們的尊敬和供奉。

壽字文化千年傳
——「壽」字與壽誕吉祥文化

「壽」字是中國人生命史上的一個永恆主題，也是國人崇仰、敬慕、追求的不懈目標，是中國壽文化的具體體現，深含豐富的文化內涵。

「壽」字歷史源遠流長。舊時多寫繁體「壽」。據傳，壽字早在伏羲時就已產生，當時是用一種叫「龍書」的字體寫成，似兩條龍在雲中飛騰，把壽的寫法與龍圖騰崇拜信仰結合在一起。千秋萬歲到新石器的神農氏時代，壽字是用「穗書」字體寫成，字像一縷縷稻穗。因稻子可成米，米是人們生活的必需主糧，當然稻穗與人的壽命有密切關係。後來，倉頡造字創造的一種「鳥跡文」，字體像小鳥在飛一樣。

鳥跡文的壽字上面是一個老人，下面是一隻飛鳥。這些傳說，當然是後人想像附會而成。

到了秦漢，人們祈求長壽，在瓦當上就常見有「延年益壽」、「延壽萬世」、「千秋萬歲」等五十多種秦漢瓦當文。宋宣和帝時，王甫就收集古鐘鼎

彝上的壽字拓片編成《博古圖》三十卷。

壽字經過歷代的演變，終於成為今天的模樣，但已脫去過去象形文字神秘色彩，僅為一個漢字而已。隨著民間對壽字的崇尚和喜愛，在祝壽時和饋贈的禮品中又創造出一些變形的各類壽字。如長形的壽字稱「長壽」，圓形的壽字稱「圓壽」、「團壽」，方形的壽字稱「方壽」，配有人物、花卉等圖案的壽字稱「花壽」，形態各異，千姿百態，壽字已成為壽文化的象徵符號。

我國壽文化內涵豐富，壽字含義多重。據《辭源》釋義，壽字有七層含義，除其中一項外，其它項釋義均與吉祥觀念中的壽文化主題有密切關係。在漢語詞彙中，以壽為主題組成的祝頌吉祥詞更多，如壽元、壽考、壽安、壽命、壽域、壽康、壽樂等，很多與生命有關的事物也都冠以壽字，如老人星稱「壽星」，祝壽的桃為「壽桃」，祝壽的禮品米糕稱「壽糕」，祝壽的酒稱「壽酒」，祝壽的中堂稱「壽堂」，神祠稱「壽宮」，壽材稱「壽器」，壽穴稱「壽域」，延年益壽菊花還雅稱「壽客」。祝壽時專用的還有壽序、壽聯、壽幛等。此外，人們還創造出許多與壽字有關的象徵物，如萬古常青的松、柏，壽達千年的龜、鶴，食之益壽的仙桃、靈芝、菊花等，這裏的壽字已經不是一般的漢字，而成為藝術化、形象化、圖案化的吉祥符。如由壽字組成的萬字團壽紋；五隻蝙蝠圍繞壽字組成的紋圖「五福捧壽」；許多蝙蝠與壽字組成的紋圖「多福多壽」；如意頭與壽字組成的「如意壽字團」；把福、祿、壽三個字的筆劃經過一定的藝術加工組成的「福祿壽圖」；用一百個不同形體壽字組成的「百壽圖」；等等。這些，不僅增加了壽字的文化內涵和藝術感染力，而且也反映出我國語言藝術的豐富性和創造性。

特別值得一提的是用一百個或圓、或方、或長、或隸、或篆、或楷的不

同形體組成的「百壽圖」和中間一個大壽字，四周布滿一百個各不相同的小
壽字的「百壽圖」，不僅給人一種獨特的藝術享受，而且讓人有一種意蘊深長
的壽文化感覺。它是我國古代先民們對長壽理想的一種寄託和希望，也是對
長壽者的一種祝願和孝敬。

　　我國民間用「百壽圖」來對長輩祈福祝壽的習俗流傳久遠，僅散見於祖
國各地的「百壽圖」石刻、碑刻就達數十處，如宋代廣西永福縣夫子岩的「百
壽圖」摩崖石刻，明代山西襄汾的「百壽圖」碑，清代西安碑林「百壽圖」
碑，等等。至於民間收藏的各類器物上飾有「百壽圖」的更是數不勝數，如
百壽瓶、百壽枕、百壽壺、百壽香爐、百壽筆筒等。明代昆明趙璧還編有
《百壽字》一書，收集有各種字體的壽字。近現代書畫家也多喜繪百壽圖，山
西篆刻家許若石用甲骨文、大小篆、隸書、草書、楷書、漢印、古幣文、瓦
當文、蒙文、滿文、朝鮮文等各類書體刻製的一千餘方壽字印章組成的「千
壽印」，更讓人歎為觀止。這些用青田、壽山等印石刻的壽字印達數百千克，
搜集了千年的壽字，可謂蔚為大觀，千古一絕。「壽」字又成為人們不斷創造
的吉祥藝術品。

八仙過海顯神通
──八仙與壽誕吉祥文化

　　八仙為民間傳說中道教的八位仙人。八仙究竟指哪八位，其說不一。八
仙中最早見於史籍是在唐、宋時期。但唐、宋時還沒有把八人合稱為八仙，

真正把八人組合在一起稱八仙是在元代。元馬致遠的《岳陽樓》、范子安的《竹葉船》中已有八仙。但那時八仙沒有何仙姑，而有餘仙翁。即使到了明代，八仙所指仍有變化。明代小說《列仙全傳》中有劉海蟾而無張果老。在《西洋記》中八仙有風僧壽、玄壺子，而無張果老和何仙姑。直到明吳元泰《八仙出處東遊記傳》中所記「八仙過海，各顯神通」的故事才把八仙定下來，即指鐵拐李、漢鍾離、張果老、呂洞賓、何仙姑、曹國舅、藍採和、韓湘子。

「八仙過海」的故事是說有一年的三月初三，八仙赴西王母蟠桃盛會，宴上都喝得酩酊大醉，歸來經過東海時，呂洞賓建議大家不得乘雲渡海，必須每人以物投水，乘所投之物過海。於是，「八仙過海，各顯神通」，鐵拐李投葫蘆作舟而渡，漢鍾離投葵扇而渡，張果老投漁鼓而渡，呂洞賓投玉版而渡，藍採和投花籃而渡，韓湘子投簫管而渡，曹國舅投寶劍而渡，何仙姑投荷花而渡。八仙在海上，大斗法術，驚動了東海龍王的兩位太子。龍太子派魚精奪去韓湘子的簫管，並將何仙姑拖入海中。經過一番大戰，八仙火燒東海，奪回簫管，救出何仙姑。龍王不甘大敗，又請來天兵天將相助，直打得天昏地暗。後來太上老君發覺，出面調解，雙方才言和。「八仙過海」的故事民間流傳甚多，情節不一，但由此而派生出的「八仙過海，各顯神通」的成語，用來比喻在克服困難時，各自顯示自己的本領，可謂家喻戶曉，老幼皆知。八仙祝壽這個故事還被編成許多戲曲劇本，常在祝壽時演出。這八位仙人各有特色，各具代表性。《集說詮真》曰：八仙：張、韓、呂、何、曹、漢、藍、李，為老、幼、男、女、富、貴、貧、賤。一云：老則張，少則藍、韓，將則鍾離，書生則呂，貴則曹，病則李，婦女則何。八仙基本代表

了社會眾生相，滿足了社會各個階層、各色人物等對吉祥神仙的崇拜、敬仰心理。在年畫、剪紙、泥塑、木雕中也常出現有八仙形象和「八仙過海」、「八仙慶壽」、「群仙拱壽」、「八仙祝壽」的圖案。後來，人們把八仙所持的靈物葫蘆、扇子、玉版、荷花、寶劍、簫管、花籃、漁鼓稱為「暗八仙」，亦稱「八寶」，此代八仙之意，同樣用於祝壽，在吉祥圖案中常常出現。八仙在人們心目中已成為一組長壽的群仙形象，體現了人們對健康長壽的追求和向往，極大地豐富了壽誕吉祥文化的內涵。下面將一一介紹。

鐵拐李

八仙之中年代最久遠、資歷最深的當數鐵拐李。據說鐵拐李為隋朝人，又稱李鐵拐。《續文獻通考》云：李鐵拐，或云隋時峽人，名洪水，小字拐兒，又名鐵拐，常行乞於市，人皆賤之。後以鐵杖擲空，乘龍而去。而《歷代神仙通鑒》和《列仙全傳》所載：鐵拐李本是一個相貌堂堂、身材魁梧的偉丈夫。相傳他曾經跟老子在真岩穴學道，經老子指點得道成仙。後來，他要和老子、宛丘生一起魂游華山。他臨行前對弟子說：「我要和老子魂游華山，我的身軀還在這裏，假如七天以後我的遊魂還不回來，你就可以把我的軀體焚化了。」說罷，他的元神隨老子游華山去了。到了第六天，徒弟家裏忽然來人報告老母病危，急速返家。徒弟便把鐵拐李的軀體焚化了。第七天，鐵拐李如期回來，已找不到軀體附魂，匆忙間就找了一個駝背跛足、亂髮垢面的乞丐附體還魂。從此，鐵拐李就成了一個又黑又丑、蓬頭垢面、跛足袒腹的乞丐形象。正如《歷代神仙通鑒》所云：「（鐵拐李）黑臉蓬頭，卷鬚巨眼，跛右一足，形極醜惡。」所以民間鐵拐李形象常為一跛右足，黑臉

蓬頭，身背一個葫蘆，手拄一根拐杖的乞丐仙人。

鐵拐李人雖長得醜陋，但心地善良。他有一件寶物葫蘆。他常用葫蘆裏的藥給人治病，從不收費。人們不知他葫蘆裏裝的是什麼藥，能藥到病除。俗語「葫蘆裏裝的是什麼藥」即由此而來，但意思今已全非了。民間還把鐵拐李作為醫藥行業神來供奉。舊時藥店門前也常掛有葫蘆作幌子，招徠病人。藥店門前掛葫蘆作幌子，也由此而來。

另外，「狗皮膏藥」的典故也與鐵拐李有關。傳說河南有個做膏藥的王掌櫃，樂善好施。有一天，他去趕廟會，見路邊一個衣衫破爛的乞丐，腿上長滿了膿瘡，很是同情，就立即給乞丐貼了膏藥，並告訴乞丐「明天準好」。誰知越貼越爛，乞丐就罵上門來，王掌櫃家的狗見是乞丐，撲上去就咬，乞丐一棍把狗打死。趁王掌櫃正取藥時，乞丐把狗肉烤熟吃起來。王掌櫃把藥拿來塗於瘡上，那乞丐又隨手扯了一塊狗皮捂在瘡上。不一會兒，揭下狗皮，瘡居然全都好了。王掌櫃方知是拐仙來傳仙方。從此，他的「狗皮膏藥」出了名。「狗皮膏藥」之名即由此而來。

漢鍾離

漢鍾離，姓鍾離，名權，故又名鍾離權，號和谷子，又號正陽子、雲房先生。因為是漢代人，故稱其為漢鍾離。《集說詮真》云：漢鍾離，姓鍾離名權，字雲房，京兆（今陝西西安）咸陽人。仕漢為將軍，漢鍾離後隱居晉州羊角山，為正陽帝君。

相傳鍾離出生時異光滿室，生下後不聲不哭不食，到第七天躍然而起，說：「身遊紫府，名書玉清。」他生得頂圓額廣，耳厚眉長，目深鼻聳，口方

頰大，唇臉如丹，猶如三歲兒童。長大後身高八尺，美髯俊目，說明他的身世不凡。後來他像父親一樣當了武將，漢、魏、晉歷朝為官。唐末因吃敗仗，入終南山正陽洞學道修煉成仙，道教稱其為正陽帝君。

漢鍾離的傳說始於五代。宋初，《宣和志譜》、《夷堅志》、《宋史》等均載有其事蹟。他留給後世的形象是：頭上梳兩隻大丫髻，袒胸露肚，總是樂呵呵的，手握一把扇子，神態閒散，曾自況為「天下散漢」，意即天下第一閒散人。然而，這位閒散人在《全唐詩》中還留有《題長安酒肆壁三絕句》詩：

坐臥常攜酒一壺，不教雙眼識皇都。

乾坤許大無名姓，疏散人中一丈夫。

得道真仙不易逢，幾時歸去願相從。

自言住處連滄海，別是蓬萊第一峰。

莫厭追歡笑語頻，尋思離亂好傷神。

閒來屈指從頭數，得到清平有幾人。

該詩對他的身世、習性、經歷、喜好、意願等均作了注解，使我們看到一個惟妙惟肖、逍遙自在、神態閒散的仙人的形象。

張果老

張果老是八仙中最老的一位，本名張果，因其壽齡高達 8000 歲，所以又稱他為張果老。也有人傳他為天地剛剛形成時的白蝙蝠所化。

張果老歷史上實有其人，是唐朝有名的法術之士，曾隱居於中條山，後

又到山西北嶽恒山修煉，今恒山仍留有張果老仙跡多處，新舊《唐書》均有傳可查。據《太平廣記》、《古今圖書集成・神異錄》、《唐書・方使傳》等載：唐玄宗、唐高宗、武則天都曾屢次召請，張果老均不出山入見。武則天再召，他走到半道化為腐屍。後他又復現中條山，唐玄宗派遣裴晤把他迎入長安。他又上演各種法術，令玄宗眼花繚亂，封他為「銀青光祿大夫」，封號為「通玄先生」。張果老仍仙心不動，逕自歸恒山。後唐玄宗又請使徵召，他再度裝死，聞旨而卒，開棺驗之，竟是空棺，玄宗遂賜建棲霞觀祀之。

傳說張果老有兩件仙具，一件是他手裏一直拿著的漁鼓，所謂「漁鼓頻頻有梵音」即指此；另一件是他乘騎的毛驢。《太平廣記》載：「張果老常乘一白驢，日行數萬裏，休則疊之如紙，置巾箱中；乘之則以水噴之，還成驢矣。」所以，張果老給人的形象是鬚眉皆白，老態龍鍾，手執漁鼓，倒騎毛驢。

關於張果老倒騎毛驢的傳說頗多。據傳，有一天，張果老雲遊時途經一處古廟，正饑腸轆轆，忽聞一陣奇異的香味。他便將毛驢拴在廟前古松下，尋著香味走進廟內打開鍋蓋，不問三七二十一便飽餐一頓。他吃飽後想起毛驢還空著肚子，便端起鍋內的湯讓毛驢喝。正在此時，忽聽身後一聲吆喝：「何地村夫，竟敢偷吃我煮的仙藥『何首烏』？」張果老聞聲，解了毛驢騎上便逃。奇怪的是，此時他竟變得身輕如燕，連毛驢也跑得如飛。待毛驢馱著他遠離古廟後，方才發覺慌亂之中是倒騎在毛驢背上。從此，張果老便倒騎毛驢雲遊四方。

呂洞賓

呂洞賓，是八仙中最著名、影響最大、傳說最多的一位仙人。在八仙中他儼然一中心人物。在民間中，他享受的香火也最多。傳說呂洞賓為唐京兆人，又說為河中府（今山西永濟）人，名岩，字洞賓，號純陽子。

相傳呂洞賓出生時異香滿室，由鶴入帳而生。據《列仙全傳》載：呂洞賓精通百家經典，但屢試不第，64歲去長安赴試時巧遇漢鍾離，要求學仙成道。漢鍾離以金錢、美女、榮辱、死亡、親情等10次驗試呂洞賓。他經受考驗後，漢鍾離才帶他到終南山鶴嶺，傳上清秘訣於他，方得道。這便是「漢鍾離十試呂洞賓」的故事。

呂洞賓得真傳後，雲遊四方，後又於廬山遇火龍真人，學成天遁劍法。所以呂洞賓以劍為仙具，經常身背此劍（名青蛇），除暴安良，扶弱濟貧，因此稱作「劍仙」。此外，他還有「酒仙」、「詩仙」、「色仙」的雅號。

稱呂洞賓為「色仙」是因為其「三戲白牡丹」。傳說洛陽第一名妓白牡丹，長得國色天香，美麗無比。呂洞賓一見神魂顛倒，於是變作秀才登門造訪，由此演繹出很多風流故事。呂洞賓因三戲白牡丹，他的雄劍也被搞丟。後來群仙為王母娘娘祝壽時，王母娘娘就不讓呂洞賓為她祝壽赴宴，說呂洞賓貪杯、貪色。仙家得「色仙」之名是呂洞賓獨有的。然則，仙人貪杯這是共有的。

風流倜儻的呂洞賓為「詩仙」也當之無愧。在八仙中，他作詩最多，《全唐詩》中就收有他249首詩，30首詞。他曾自作詩云：

朝游北海暮蒼梧，袖裏青蛇膽氣粗。

三醉岳陽人不識，朗吟飛過洞庭湖。

　　呂洞賓傳說最多、影響最廣，所以奉祀也最多最隆重。全國很多地方都有呂祖廟，專供奉呂洞賓。又傳呂洞賓生於農曆四月十四日，這一天為「神仙生日」，屆時有呂祖廟會。廟會期間，善男信女結隊成群，赴山燒香。《中華全國風俗志》記浙江湖州風俗：四月十四日為呂祖誕，俗稱神仙生日，食米粉五色糕，名神仙糕。帽鋪制垂鈫帽以售，名神仙帽。此外，理髮業還奉呂洞賓為祖師加以崇拜。

　　呂洞賓形貌為：身高八尺二寸，有道骨仙風，鶴頂龜背，虎體龍態，鳳眼朝天，雙眉入鬢，額闊身圓，鼻樑聳直，面色白黃，三綹髭鬚，左眉角一黑痣，足下有紋如龜，頭頂戴華陽巾，穿白長衫，身常背劍，有「劍現靈光魑魅驚」之贊。他在道教中地位很高，世稱「呂祖」。

何仙姑

　　何仙姑，八仙中唯一女性。關於何仙姑的身世眾說紛紜。傳說她為唐朝廣州嶺南人，名瓊。

　　據《歷代神仙通鑒》載：何仙姑出生時有紫雲繞室，頭頂上有六毫，長到 13 歲，她和女伴到山上採茶，走散後迷了路，見東山峰下有一道士，戴高冠，貌豐逸，給她一個桃子，說：「吃了此桃可以飛升成仙。」何仙姑吃後，道士給她指出回家的路。何仙姑回家一個多月也不覺饑渴，並且能洞察人世間禍福。後來她又夢見那位神人，教她吃雲母粉。之後，誓死不嫁，往來山間，身輕如燕，每天早晨出去，晚上帶回仙果給母親吃。

另據宋魏泰《東軒筆錄》載：永州有何氏女，幼遇異人，與桃食之，遂不饑渴。自是能逆知人禍福。鄉人神之，為構樓以居，世謂之何仙姑。這些記載除何仙姑出生地不同外，所記事情基本一致。有傳那位給她桃子吃的神人就是呂洞賓。

民間對何仙姑的敬崇最重的要數廣東增城、廣西、湖南等地。傳說陰歷三月初七是何仙姑的生日，這些地方屆時要演戲以紀念。

何仙姑的容貌端正、美麗，衣著飄逸，手執荷花，有「手執荷花不染塵」之讚語。

曹國舅

曹國舅，姓曹名友，是宋仁宗曹皇后的大弟弟，因此稱為「國舅」。因曹國舅的弟弟仗勢作惡，他深以為恥，便把財寶分發給貧苦百姓，入山修道。曹國舅後來在山上遇見漢鍾離和呂洞賓，呂洞賓問他：「聽說你在修煉，你在修煉什麼呢？」

曹國舅回答說：「我在修煉道。」

呂洞賓又問：「道在哪裏？」曹國舅默默不語，指了指天。

呂洞賓又問：「天在何處？」

他仍不語，又用手指了指自己的心。兩位大仙默默點頭說：「心即天，天即道，你已經悟出了道之真諦。」於是便向他傳授秘旨，並引入仙班，成為八仙之一。藍採和曹國舅的形象是一位官員打扮，朝靴朝服，頭戴官帽。他手中拿著上朝用的笏板，有「玉版和聲萬籟清」之贊。

藍採和

藍採和，傳為唐代有法術之士。但他是一副窮困潦倒、衣衫破爛的流浪漢形象。據南唐沈汾《續仙傳》載：藍採和經常穿著破衣爛衫，腰係一條三寸多寬的木腰帶，一隻腳穿靴，一隻腳光著，夏天破衫子裏加棉絮，冬天則臥於雪中，經常行乞於街頭，手執三尺大拍板，醉歌踏舞。他機警詼諧，言談常令人絕倒。他經常把討來的錢用繩子穿起來，沿街拋撒，任人撿拾，或者把錢周濟窮人，或送給酒家。

藍採和面目不老，常手執花籃，周遊天下，有「花籃內蓄無凡品」之贊。

韓湘子

韓湘子，傳說為唐代大文豪韓愈的侄子。據《列仙全傳》載：韓湘子生性狂放，浪跡江湖，後遇呂洞賓。他因攀桃樹時跌死，屍化成仙。

韓湘子

明楊爾曾《韓湘子全傳》則另有所說，把韓湘子從唐朝前推到漢朝。相傳漢朝丞相安撫有個女兒靈靈，聰明伶俐，貌美如仙。當朝皇帝想把靈靈賜給自己的侄兒當媳婦。安撫堅決不允，漢帝大怒，把安撫罷官流放，靈靈也因此鬱悶而死，化為白鶴。漢鍾離、呂洞賓聽說此事，很是不平，點化靈靈之魂，投生為昌黎縣韓會之子，乳名湘子，幼喪父母，由叔父韓愈養育成人。後經漢鍾離、呂洞賓傳授秘旨，終成正果。

韓湘子的形象為一少年，常手執一簫管，有「紫簫吹渡千波靜」之贊。

中華文化思想叢書 A0100037

中國吉祥民俗文化　上冊

作　　者　李　湧、李道魁
責任編輯　蔡雅如

發 行 人　林慶彰
總 經 理　梁錦興
總 編 輯　張晏瑞
編 輯 所　萬卷樓圖書股份有限公司
臺北市羅斯福路二段 41 號 6 樓之 3
電話　(02)23216565
傳真　(02)23218698

出　　版　昌明文化有限公司
桃園市龜山區中原街 32 號
電話　(02)23216565
發　　行　萬卷樓圖書股份有限公司
臺北市羅斯福路二段 41 號 6 樓之 3
電話　(02)23216565
傳真　(02)23218698
電郵　SERVICE@WANJUAN.COM.TW

ISBN 978-986-496-022-4
2017 年 7 月初版
定價：新臺幣 260 元

如何購買本書：

1. 劃撥購書，請透過以下郵政劃撥帳號：
　帳號：15624015
　戶名：萬卷樓圖書股份有限公司
2. 轉帳購書，請透過以下帳戶
　合作金庫銀行 古亭分行
　戶名：萬卷樓圖書股份有限公司
　帳號：0877717092596
3. 網路購書，請透過萬卷樓網站
　網址 WWW.WANJUAN.COM.TW

大量購書，請直接聯繫我們，將有專人為您
服務。客服：(02)23216565 分機 610

如有缺頁、破損或裝訂錯誤，請寄回更換
版權所有・翻印必究
Copyright©2017 by WanJuanLou Books CO., Ltd.
All Rights Reserved　　　Printed in Taiwan

國家圖書館出版品預行編目資料

中國吉祥民俗文化 / 李湧, 李道魁著 . -- 初
版. -- 桃園市 : 昌明文化出版 ; 臺北市 : 萬
卷樓發行, 2017.07　冊 ;　公分. -- (中國文化
思想叢書)
ISBN 978-986-496-022-4(上冊 : 平裝). --
1.民俗 2.中國文化 3.通俗作品
538.82　　　　　　　　　　　106011193

本著作物經廈門墨客知識產權代理有限公司代理，由中原農民出版社有限公司授權萬
卷樓圖書股份有限公司出版、發行中文繁體字版版權。